Franz von Kobell

Gedichte in pfälzischer Mundart

Franz von Kobell

Gedichte in pfälzischer Mundart

ISBN/EAN: 9783742898333

Hergestellt in Europa, USA, Kanada, Australien, Japan

Cover: Foto ©Thomas Meinert / pixelio.de

Manufactured and distributed by brebook publishing software
(www.brebook.com)

Franz von Kobell

Gedichte in pfälzischer Mundart

Gedichte

in

pfälzischer Mundart

von

Franz von Kobell.

Siebente Auflage.

Stuttgart 1889.

Verlag der J. G. Cotta'schen Buchhandlung
Nachfolger.

Druck von Gebrüder Kröner in Stuttgart.

Inhaltsanzeige.

Vorwort wege' der Schreibart.

Wer kann 'n liebe' Glocke'klang
So schreibe' wie er klingt,
Un' wer kann schreibe' mit der Schrift
Wie schö' en' Amsl singt,
Deß kann mit aller Müh ke' Mensch,
Denk' nor e' bische' nōch,
Un' wie mit Glock' unb Vochlsang
Is's mit der Pälzer Sprōch.

'S Lob vun Binge'.

Die herrlichscht' Gegend am ganze' Rhei'
Deß is die Gegend vun Binge',
Es wachst der allerbeschte Wei',
Der Scharlach wachst bei Binge'.

Die g'schickt'schte Schiffleut', die mer find't,
Deß sin die Schiffer vun Binge',
Un' sicht mer in Meenz e' hübsches Kind,
Wo is es her? Vun Binge!

Ke' Loch is uf der ganze' Welt
So berühmt wie deß vun Binge',
Ke' Thorn so keck in's Wasser g'stellt,
Wie der im Rhei' bei Binge'.

Die Mäus' vum Bischof Hatto, sich!
Sin g'schwumme' bis noch Binge',
Ke' G'schicht' war je so ferchterlich,
Wie selli dort bei Binge'.

Un' die heilig' Hildegard die war
Halt aach drheem in Binge'
Un' war Aebtissin dort sogar,
Deß Alles war in Binge'.

Es is e' wahri Herrlichkeit
Deß liebe kleene Binge',
Mei' Vater und Mutter un' all' mei' Leut'
Ja mir sin all' bun Binge!

Die zwee Birebeem.

Schön Hannche un der Vater sitze'
Im Garte' vor'm Haus,
Es is e schöner Summerobed,
Die Katz' guckt obe' 'raus.
Do sächt der Vater: „Liebes Kind,
Ich bitt' dich, loß den Fritz,
Dann du hoscht nix und er hot nix,
Und wo nix is, da werd aach nix,
D'rum loß du mir be' Fritz."
Schön Hannche fangt zu weine' an,
Sie hot den Fritz so gern:
„Ach Vater, kann ich vor die Lieb',
Ich bin jo ke' Latern,
Was in mir brennt, des blooft mer nit
Als wie e' Lichtche' aus,
Und derf der Fritz nimmer zu mir,
So laaf' ich aus'm Haus."
Der Alte brummelt in be Bart:
„Der Fritz wär' jo schun recht,
Doch sich, mei' Kind, wo gar nix is,
Geht jedes Metier schlecht." —

Wasch' aber weiß 'n schwarze Mohr,
Do gebt ke' Wasser aus,
Die Lehr ging 'nei' bei'm eene' Ohr,
Bei'm annre' widder 'raus.
Emol bei ihr'm Fritzche' sitzt
Des Hannche' gar bequeem,
Im Garte' war's so schön und kühl
Zwische' zwee Birebeem.
Sie wechsle' manches Kißche' do,
Wie halt Verliebte sin,
Do guckt des Kind bun ungefähr
Zum Garte'thürche' hin:
Der Vater kummt! — Der Fritz nit lahm,
Springt wie e' jungi Katz'
G'schwind uf den eene' Birebaam,
Do is e' sich'rer Platz. —
Der Vater hot e' schweri Hack
Und sächt zu seinem Kind:
„Mir hot e' großer Schatz getraamt,
Vielleicht daß ich 'n find';
E Eng'lche' hot zu mir gsacht:
Geh zu de' Birebeem,
Den große' hackscht de um, geb' Acht,
Du bringscht e' Sümmche' heem;
Unter dem Baam sei'm Worzlwerk
Hebscht de e' grosi Kischt,
Ke' Großmog'l war je so reich,
Als du dernocher bischt." —
„Ach Gott, der schöne Birebaam,"

Sächt Hannche, „kann's nit seh',
Die Großmutter hot 'n geplanzt,
Wie käm' e' Kischt do 'nei';
Der kleene aber, alt un dick,
Macht e' verdächtichs G'ſicht,
Geh, Vater, hack' ben kleene um,
War weeß, was b'runner liecht." —
„Des is ſchun wohr," der Alte ſächt,
„Der groß' ober der klee,
Deß weeß ich ſelber nimmer recht." —
„„Ach Vater, 's is der klee!"„
Unb wie der Vater hackt un hackt,
Do werb' des Hannche roth,
„Ach, heil'cher Chriſchtof," bett' ſe jetz',
„Ach, helf' mer aus der Noth,
Ach, mach' e' biśche' nor Miraakl,
Dann ſunſcht git's heut 'n Weltſpetaakl."
Un hipp unb hipp un bim un bum
Un hipp un bim un bum!
Uf emol laaft's un ſpringt un hipt —
Dukate' um unb um.
Gott's Blitz un Jub'l un ke' Enb',
Deß war e' Herrlichkeit,
Da kummt aach gleich der Fritz gerennt
Unb guckt als wie nit g'ſcheut! —
„Was thuſcht dann du do?" ſächt der Alt',
„Dich ſah ich nit im Traam!"
Do ſächt ſei' Kind: „Deß is der Schatz
Vum groſe Birebaam." —

Jetz' merkt der Alte wohl den Pfiff
Und nemmt se bei der Hand,
A Pärche werre' se wie eens
Im schöne Pälzerland. —

Blieskascht'l heeßt der Ort, do steht
Noch heut' der eene Baam,
Un Enklcher verzähle' sich
Den alte' gute' Traam.

Mulate'klaach.

Weescht, was mer so gut an Augsborch g'fallt,
Nit daß die Stadt so berühmt un alt,
Nee, daß der erschte Gaschthof do
Heeßt zu de' drei Mohre', des g'fallt mer so.
Dann 's hot mer mei' Lebtach Verdruß gemacht,
Daß mer die Mohre' so scheel betracht.
Hat eener kee Farb', wie e' merbes Brot,
Is er nit wie e' Hahnekamm blau und roth,
So heeßt's, der sicht doch aus uf e' Hoor
Als wie e' gaschticher wischter Mohr.
Un in der Kummedi da geb nor Acht,
Wann eener amol en' Mohre' macht,
So muß der Mohr e' Spitzbu' sei',
So schlaach doch e' Dunnerwetter d'rei'!
Und wer noch so alte G'schichte' molt,
Wo en armi Seel' der Deub'l holt,
Der molt se gewiß, wie e' schwarzi Krot',
Damit se nor was vum e' Mohre' hot.
Schun mit de' drei König do fangt des a'
Und do hot der Mohr doch nix Bös's getha',
Aber alls die annere die geh'n vor

Un der hinnerschte deß muß sey' der Mohr. —
E' Mensch is e' Mensch, is er schwarz oder weiß,
Uf's Betrache' kummt's an un uf Ordnung un Fleiß,
Drum g'fallt mer des Augsborch, es is schun wohr, —
Dann mei' Vater des war jo aach e' Mohr.

Mittel gege' die Dichter.

Hab's oft gelese' un gehört
Un mancher hot sich schun beschwert,
Daß's gar so viele Dichter git,
Mer wiß' nimmer, wohin damit.

Ich finb' juscht grab nix Uebl's brinn,
Wann uff der Welt viel Dichter sin',
Doch sollt's halt werklich nit so seh',
So fiel mer wohl e' Mitt'l ei'.

Seht, derft ich wünsche', was ich möcht',
So stünd's gewiß mit ihne schlecht,
Wollt' nor, ich könnt' e' Gärtner seh'
Un alle Blume' wäre mei.

Jetz weeß mer wohl, mit welcher Gier
A Dichter schnapt noch Blume'zier,
Und da käm' ich mit dem malheur
Un gäb' kee eenzichi mehr her.

Denkt den Spetaakl uf der Welt,
Un wie die arme' Narre' geprellt,
So ohne Bli un ohne Blum',
Wie wäre' do die Lehre' stumm.

Un 's ging schun, wann mer 's pouvoir hätt',
Hübsch zu taxire e' Bouquet,
So zwee Dukate jedi Ros',
Do hätt' mer gewiß e' Drittl los.

Doch nee, dann ebe' fallt mer ei',
Ich könnt aach in dem Drittl seh',
Nee, nee! nemm' Blume', wer nit blind,
Ich nehm' se aach, wo ich se find'.

Entschuldigung.

Es geht e' klee Mädche' um be' Tisch,
Schenkt be' Wein ei',
Gott's Blitz, deß Mädche hot viel zu thu',
Die muß flink sey'!
Un' Eener der trinkt in eem fort aus,
'S will 'm schmecke',
Es is, als thät e' dorschticher Schwamm
In 'm stecke'.
Do sicht halt der Werth als leer sei' Glas:
„Allons, Fränsche!
„Was is's dann, was schenkst be' dem Herrn nit ei',
„Du klee' Gänsche,
„So geb mer doch Acht, mir hocke' jo nit
„Um e' Sparbix" —
„„Ja Vater, gewiß i schenk' 'm als ei',
„„Aber 's helft nix.""

Wie die kleene' Bube' lerne'.

Bildcher aus'm Lebe'.

Lische, Lische,
Halt e' bische',
G'schwind e' Kißche! —
„Nee, wann's Jemand sehe' thät!" —
Ei wie so,
'S is Nimand do
Als der Bu, der nix versteht!

(Kuß.)

Un dem Kuß guckt eener zu,
Un des war e' kleener Bu'!

Dank for's Kißche';
Hörschte', Lische,
Morche' gehscht nit in die Kerch',
Kummscht zu mir, geh'n mer spazire'
D'robe' uf'm Karlsberch.
Loß dem Paff sei' siebe' Sache',
Mir sind jung un wolle lache'! —
Un do lache' se und lacht darzu
Ganz fideel der kleene Bu'!

Sapperment, heut' git's e' Fescht,
Johann! heut' git's was zu saufe',
Des is uf der Welt des Bescht,
'S bleibt nit All' grab uf eem Haufe'!
Wie die G'sellschaft voll gesoffe',
Gripps die drei Bouteillcher ich,
Denk mer, Georg, jetz kummt's an dich
Und bin mit b'rvu' geloffe';
Hoscht du gar nix? — „Hab' aach eeni,
Un was for eeni,
Kee gemeeni,
Chateau marcho, des ist e' Wein,
Bruder, heut' wolle' mer luschtich seyn;
Ei, der klee Bu'!
Do trink', Kleener, is gut for be' Maache',
Wescht be, muscht aber berheem nix saache'.“ —
Un bo horcht gar fleißig zu
Un trinkt aach der kleene Bu'!

—————

Ei die Kränk', du Deublsweib,
Meenscht, ich soll mein Geld verdiene'
Nur so for dein Zeitvertreib,
Soll nor als die Fedder spitze'
Un be Daach im Birro sitze'
For dei' Haube' un dei' Spitze';
'S is mir aach der Rock zu knapp,
Trach du nor e' Neb'lkapp! —
„O du Fleechl!“ — Was heescht be mich?

Wart' ich kumm un zwieb'l dich! —
Un dem Zwiebln' guckt still zu
Aus'm Eckche' der klee Bu'! —

Hocke' zwee alte Quatsche' beinanner,
Wees als eeni mehr als die anner,
Un sie rede' so hin un her:
„Des is e' Patron, bo hab' ich Reschpekt,
Was doch oft hinn'r eme Mensche' steckt,
Der hot's fauschtdick hinner de' Ohre',
Is als Heemtücker schun gebohre',
Do steht er d'runne', horch' des Gekicher,
Is vor dem Lump ke Mädche' sicher,
Un deß Saufe' de' ganze' Daach,
'S wär' ke' Wunner, es träff'n der Schlaach;
Sei Fraa hot er um ihr Geld gebracht,
Un jetz prichlt er se, wann se was sacht!" —
Un wen meene' dann die zwee
Mit ihr'm prächtiche ABC? —
Sich! deß war vor zwanzich Johr
Der klee Bu', 's is werklich wohr!

Stee' un' Gedicht'.

Was e' guter Stee' is, e' ächter Stee',
Der glanzt und strahlt for sich
Un' braucht ke' Hilf mit Folie',
Is ebl innerlich,
Was aber e' schlechter, falscher Stee',
Der sicht nor ebbes gleich,
Wann Folieflitter hinner'm steckt
Un' ringsrum goldig's Zeuch.
Un' grad so is's mit de' Gedicht',
E' gut's bleibt üb'rall gut,
E' schlechts kriecht nor e' bische' Glanz,
Wann 'm 'was helfe' thut.
Was aber helft? E' Folie?
Gewiß, un' Gold? Ja wohl,
Um's Gold schun gar, da lobt mer viel,
Un' wär's aach leer un' hohl;
Un' willscht, daß ich die Folie nenn',
Ich glaab, ich err' mich nit,
Servir' nor zu der Dichterei
Aach gute' Champagner mit;
Do geb' emol Acht, wie schö' b'es machscht
Un' was e' Bravog'schrei,
Wann nor der liebe Traube'hansworscht
Mit seiner Empfehlung drbei.

———

Vun der Lieb'.

Es hot e Mädele g'sunge'
Vum Amor, vun dem Dieb,
Vun ihrem bange' Herze',
Vun ihre' große' Schmerze',
Un' 's thät so weh bie Lieb'.

Der Amor, hot se g'sunge',
Deß is e' böser Bu',
Ich war jo so zufriede',
Hab' alle Lieb' gemiede'
Un' hab' jetz' gar ke' Ruh'.

Ich hab' 'n nit gerufe',
Er is e' frecher Jung',
Ich hab nix vun 'm wolle',
Er hätt' mich losse' solle'
Mit seiner Peinigung.

Der Amor spitzt bie Ohre'
Un' werd vor Aerger grü',
Un' weil's 'n so verbrosse',
So hot er se verlosse'
Un' is wo anners hi'.

Ihr meent, daß do deß Mädl
Nix bsunners dra' verlor',
Ach nee, jetz' sin die Thräne'
Erscht kumme', Sorg' un' Sehne'
War ärger als zuvor. — —

Ja, wer aach nor e' bische'
Deß Liebe' hot gewöhnt,
Der tragt's gar gern im Herze',
Es is mit denne Schmerze'
So arg nit, als mer meent.

Die Muschterung.

Die Welt is voll Betrug un' voller Hinnerlischt,
Die sin' vun A'fang a' gar dick enei' gemischt,
Un' 's ärgschte is der Mensch, dann so verstellt sich nie
Ke' Fuchs, ke' Krokodill un' aach kee' anner Vieh.

'S is wohr, e' Katz is falsch un' stehle' thut e' Hund
Un' um 'n Bär', der tanzt, is doch ke' Spaß im Grund,
Un' 's schlacht e' Pferd oft aus, eh's enner sich versicht,
Un' 's macht e' böser Aff' gar oft e' freundlich G'sicht;

Deß weeß mer aber doch, un' 's fallt gewiß kemm' ei',
Sich! daß er meent, e' Bär deß thät e' Schäfsche sey'
Un' daß e' Hund e' Katz und daß e' Aff e' Kuh',
Dann soviel sicht mer doch, wer Aage' hot drzu.

Ganz anners is deß Ding, wann 's an die Mensche geht,
Do is e' großi Kunscht, wann eener die versteht,
Do sicht e' Rabe'seel oft aus als wie e' Schwan
Un' hunnertmol e' Fuchs als wie e' Goldfasan.

Do tragt ken' Zottelpelz, wer juscht e' rechter Bär,
Un' 's griecht nit, was e' Schlang', geht oft gar flink drher,
Do heult nit, wer e' Wolf, un' brüllt nit, wer e' Stier,
Jetz', lieber Freund, b' erroths, was eener for e' Thier.

Es wär' so übl nit, wann so bun Zeit zu Zeit
E' Thierberwandlung käm als Muschtrung for die Leut',
Wo, was eens innerlich, aach ausewendig wär',
E' Wolf, wer wie e' Wolf, e' Bär, wer wie e' Bär.

Gott's Blitz, was ginge' do im e' Collegium
Wie in 're' Menagrie oft Beschtie 'erum,
Do wär' e' Mormelthier nit selte' vornebra'
Un' mancher Gockl' wär' mi'm Gimpl abgetha'.

Die Löwe' wäre' raar, die Katze' besto mehr
Un' 's ging e' Tugendheld oft als e' Bock drher;
Un' was die Fabelthier, die Drache' un' deß Zeuch,
Wer weeß, mer wär' vielleicht an denne' bsunncrs reich.

Ja, so e' Muschterung, bie wär' so übl nit,
Bekäm' e' jeber dra' gar gute Lehre' mit,
Un' bie Erleichterung in Geschäfte' aller Art!
Was wär' emm' do for Müh' un' for Verdruß erspart!

———

Die Gemsejagd.

„Ei was, du hoscht e' Gemsjagd g'sehe',
No saach emol, wie war dann deß?"
„„Soll aach mei' Lebtach nimmer g'schehe',
Dann do vergeh'n emm die Späß';
Deß is e' heilloses Vergniche',
Ich saach euch, ich war uf'm e' Platz,
Dohin steicht nit emol e' Katz',
Un' sollt' se aach Paschtete' rieche';
Es habe' mich zwee nuff gezoche',
Sunscht war's grad' an Unmöchlichkeit,
Wie uf en Thorn, 's is nit geloche',
Alsfort e' halbi Ewichkeit;
Vor mir e' Grabe', do war's brunne'
So schwarz, wie im e' tiefe Brunne',
Un' links un' rechts war gar nix mehr
Als Luft, bo hock ich mi'm Gewehr;
Un' bin drei Stunde' schier gehockt,
Do kummt emol eens hergebockt.
Un' wie's mich merkt des Deubelsvieh,
Dann so e' Thier hot alle Kniff,
Thut's wie e' Spitzbu' grad' 'n Piff

Un' schmeißt die größchte' Steener runner,
Daß ich noch leb', is nor e' Wunner.""
„No hoscht es tüchtig nuff gebrennt?"
„„Ach nee! ich hab' jo nit gekönnt,
Mußt mich nor halte' mit de' Händ'
An so eme' alte' Worzlstück,
Sunscht forchl' ich jede' Ache'blick;
Mir war nor bang, 's springt zu mer 'rüber,
Dann 's war ke' dreißig Schritt' do 'nüber,
Un so e' Thier deß is verweeche',
Ich saach euch, 's war gar nit verleeche',
Hot als gestanne' uff eem Fleck
Un' hot geguckt, wo ich dann steck'.
Doch endlich, ich seh's immer noch,
Do grabb'lt's in e' Felse'loch,
Dernocher hab ich nix mehr g'sehe';
Un' miserab'l, lahm un' üb'l,
Die Hos' verrisse' un' die Stieb'l,
So bin ich wieder 'runner kumme'
Un' hab' zum Angedenke' noch
En' Rematism' mitgenumme';
Un' wohlgemerkt, der ee' hot g'sacht,
Weil mir zu Ehre' wär' die Jagd,
So hätt' ich aach de' bescht e' Stand,
Deß war der Thorn do an der Wand,
Jetz' denkt euch, wie die annre' ware'?!""

Der pedantische Lehrer an de' junge Dichter.

Du sächst in deinem Sinngedicht:
E' Blum' an deiner Brust,
Weil Blum' un' Weib so ähnlich wär',
Deß wär' for dich e' Lust, —
Mei' Schatz, deß is zu unbestimmt,
Dann Blume' git's gar viel,
Un' wann be se nit näher nennscht,
Hot die Kritik ihr Spiel.
Daß mer die Weiber Blume' heeßt,
Deß Gleichniß is nit dumm,
Doch is e großer Unnerschied,
Sich! zwische' Blum' un' Blum'.
A Mädche' unner sechzehn Johr,
Wann se noch nit coquett,
Die kummt mer wie e' Veilche' vor,
So freundlich un' so nett;
Vun do bis in die zwansich 'nei'
Blüht se als wie e' Ros',
Guckt schun e' bische' weiter 'rum,
Nit alsfort in de' Schoos;
Un' wann se jetz' e' Weibche' werd',

Do werd's e' Tulipan,
Do werd' se stolz un' hebt de' Kopp
So hoch als wie e' Schwan;
Wann aber ich im Zähle' so
Bis über verzich kumm,
Do' werd des Blümche' gar zu oft
E' dicki Sunneblum';
Jetz' traach emal an deiner Bruscht
E' so e' Sunneblum',
Un' wann be Schiller selber wärscht,
Wie gehscht be dann do 'rum?!
D'rum nenn' e' Veilche', nenn' e' Ros',
Nenn' aach e' Tulipan,
Nor daß der Leser nit so leicht
Extravagire' kann.

Die Zeit.

Wie die Zeit noch jung war,
Do war se luschtich un' schö',
Do hot se nor zwee Kinner g'hat,
Adam un' Eva allee'.

Jetz' is der Abl kumme'
Un' der Kain, der böse Bu',
Do habe' die Sorge' schun a'gefangt,
Un' 's Alter aach drzu.

Jetz' is deß weiter gange',
Wie's dann als weiter geht,
Un' Kinner uf Kinner sin kumme',
Als wie mer Erbse' sät.

Die habe' geraaft un' spetaklt,
Die Zeit hot freilich gewehrt,
Was aber helft do' Wehre',
Bei so ere Kinnerheerd'.

So sin die Johr' vergange',
Un' habe' se grämlich gemacht,
Un' habe' se aach um die Schönheit
Un' um de' Humor gebracht.

Un' so is se dann endlich worre'
E' uralti Großmamma,
Deß kennt mer an ihre' Raupe'
Un' merkt ihr's überall a'.

Do solle' die Kinner nit muxe',
Als still beisamme' sey',
Die Bube' nit springe' un' tobe',
Die Mädcher nit lache' drei'.

Do heest's als Lerne' un' Lerne',
Un' hübsch im Zimmer g'hockt,
Im Freie' do kriecht ihr de' Schnuppe
Un' werd' zum Lumpe' verlockt.

Un' stellt sich eener pumpsich,
So sperrt s' 'n aach wohl ei'
Un' steckt in ihr'm Griesgram
Manch Mädche' in's Kloschter 'nei'.

Jetz', weil se aber doch ewig,
Un' gar nie sterbe' thut,
So geht's vielleicht noch anners,
Un' 's geht vielleicht noch gut.

'S kann sey', sie werd nit älter,
Un' daß se sich verjüngt,
Un' daß se mit ihre' Kinner
Emol wiebber lacht un' singt.

Un' daß se emol wiebber freundlich
Un' luschtich werd un' schö', —
Ich wollt', ich könnt' do lebe',
Un' wär' wiebber jung un' klee.

Die Mädcher.

Es sitze' drei Mädcher beinanner am Hauf'
Un' plaudre' un' singe' un' spinne',
Do sächt die ee', so schö' wie mei' Schatz,
So werd' mer kenn' zweete mehr finne',
Mich freut's nor, daß er Trumpeter is,
Do is aach die Uneform schöner
Als beim e' Gemeene', er macht jo en' Staat
Un' steicht der derher, wie nor eener.
Do sächt die anner, des is schun wohr,
Doch will ich dich b'rum nit beneide',
Dann bei eme Kuß hoscht 's G'sicht voller Hoor,
Ich kann die Schnorrbärt nit leide';
Mei' Ferdinand, sich! des is e' Jung,
Is sei' un' glatt wie e' Mädche',
Is ach nit so wild un' flucht nit e so,
Un' folcht wie e' Lamm am e' Fädche'. —
Die britt' sächt nix un' spinnt un' spinnt,
Is fleißich grad' wie e' Bienche',
Die is noch gar jung, weeß nix vun der Lieb',
E' gar e' nieblich Blondinche';
Jetz' reißt ihr der Fad'm, bo bückt se sich,

Ei was, wie is mer geschehe',
Do hab' ich e' Briefche' vun Rose'papier
Versteckt unner'm Halstuch gesehe'.
Ei Dunner, jetz' hot die aach en' Schatz,
Wie kann mer so leicht sich betrieche'! —
  Die 's länger schun treibe', die rede b'run,
  Die anfange', sin gar verschwieche'!

Werbung.

O Mädche', du bischt mei' Frühlingssunn',
Dei' Blick der gleicht ihre' Strahle',
Bei dir is mer wohl, do fühl' ich e' Luscht,
Die könnt' mer ke' König bezahle'.

O Mädche', du bischt mei' Morche'stern,
So scheinscht de mer freundlich zum Herze',
Bischt lieb, wie's die Schäfcher am Himm'l sin,
Uf dene' die Engelcher scherze'.

O du mei' Gedanke' bei Tach und Nacht,
Du Blum' vun alle' Juwele',
Was hot dir jetz' deß e' Vergnieche' gemacht,
Mei' Ruh' un' mein Friede zu stehle'?

O geb' mer se wiedder, ich bitt' dich schö',
Du hoscht se im Händche' verborche',
O geb' mer deß Händche', ich geb' dir en' Ring
Un' will dich bei' Lebtach versorche'.

———————

Die Wett'.

Es habe' zwee e' Wett gemacht
Um 's Spiel der Phantasie,
Derwell des Gröschte sage' könnt'
Mit dichtrisch'm Genie,
Der sollt' gewinne', un' do macht
Der Jüngere sich dick,
Un' fangt begeischtert a' un' sächt
Mit wahr'm Siegerblick:
Die ganz' Welt müßt', ging's, wie ich wollt',
Nix als Champagner sei',
Un' alles Meer un' alli Luft,
Sich! wär' der liebe Wei';
Un' weil, was Stern heeßt un' Planet,
All' runde Dinger sin,
So wäre' deß, e' Prachtgebräng',
Die Perle nocher drinn.
Jetz' denk dir deß Moussire', Freund,
Deß Brause', deß Getös'
Un' denk' dr aach des rechte Glas,
Deß hätt' e' hübschi Größ',
Un' ich, geb Acht, ich möcht' drbei

Die Zeit als Zecher sey',
Do hätt' ich wohl, wär's noch so viel,
E' Gorgl for ben Wei';
Un hätt' ich deß. so wär' ich korz,
'S Maul uff un' bimm! brzu,
So wär' se g'soffa un' bo hätt'
Ihr armi Seel 'n Ruh. —
Was meenscht de, is des Bild nit groß,
Wie steht's jetz' mit ber Wett? —
„Nor ruhich," sächt ber Aeltere,
„Ich hab' noch nit gerebt,
„Wahrhaftich, was be' sächscht, is groß,
„Doch meen ich, hinnerher
„Gewiß e' Katzejammer käm',
„Der noch viel größer wär'." —
Der Annre hot die Wett bezahlt.

Die Eenigkeit.

„Nor eenig sey', nor eenig sey',"
Hot unser Pfarrer g'sacht;
Er hot's wohl gut gemeent der Mann,
Mir doch nit recht gemacht.
Ich bin halt so e' Philosoph,
Der guckt deß anners a',
Un' jujcht in der Uneenigkeit
Find' ich was Gutes dra'.
Dann Lumpe', sich! git's jo viel mehr
Als ordentliche Leut,
Un' thäte' die all' eenig sey',
Was wär' des for e' Zeit!
Do müßt mer lebe' wie e' Haaf',
Alsfort in Angscht un' Noth
Un' daß emm' nor ke' Eenigkeit
D'erwischt un' schlacht emm' todt.
Nee, nee, so wie se is die Welt,
Bin ich vun Herze' froh,
Daß nit so gar viel Eenigkeit,
Es is schun besser so!

———

Der Student un' der Deubl.

Is hat der Deubl 'n Vetter g'hat,
Der war e' Verehrer vum Geld
Un' war e' Zaubermeeschter drbei,
Wie eener nor je uff der Welt.
For's Geld do hot er Alles getha'
Un' Alles hat er gekönnt.
Un' vun benne' Künschte' hot emol g'hört
E' libberlicher Student;
Un' seller Student war juscht marob
Un' hot vor Lumperei
'N schreckliche' Katzejammer gehat
Un' gar ke' Geld drbei.
Jetz' hot er dann stark philosophirt
Un' hot sich erbärmlich beschwert,
Daß so viel Uebl sey uf der Welt,
Es sey doch unerhört.
Un' wie er so denkt, so fallt 'm ei':
„Ja hättscht de nor Geld wie Heu,
Do wärscht de jo leicht alle Uebl los,
Der Zauberer helfet glei'!"
Aber Geld, ja Geld, nix is umesunscht,
Der Mann is druf wie verpicht,

Bezahle' muß mer e' jedi Kunscht,
Deß is e' bekannti G'schicht.
„Ei," sächt er, „wie wär's, probir's emol
Un' verschreib 'm Deubl bei' Seel,
Do hoscht, was be' willscht, an Geld un' Gut
Un' lebscht bei' Lebe' fideel.
Dann wie's mit de' höllische' Quaale' is,
Deß weeß mer jo doch nit recht,
Es werd nit so gar gefährlich sey',
Wann eener sei' Seel' versprecht."
Do ruft er 'm Deubl, — der hört gar gut,
Un' eh' er sich's versicht,
Do war er, un hockt uf 'm Kanapee,
Wo beß Studentl liegt.
„Die Gränk', Herr Deubl, freß Er mich nit!"
„„Bewahre, was fallt Ihne' ei',
Sie habe' gewünscht, drum bin ich do,
Zu Ihre Dienschte' zu sey'."""
Ei, is er so artig, denkt der Student,
So geht die Gschicht nit krumm
Un' handelt un jübblt halt hi' un' her,
Dann alle zwee ware' nit dumm.
Un' macht mit 'm aus for sei' armi Seel',
Daß, lebt er wie er will,
Sei' Lebtach ihm ke' Geld ausgeht
Un' bräucht er aach noch so viel.
Der Deubl denkt, du treibschst nit lang,
Un' bleckt gar freundlich die Zäh':
„„Es gilt, Herr Student, die Kass' is gefüllt,

Gute Beßrung, befehl' mich gar schö'."""
„Jetz'," sächt der Student, „jetz' soll uf der Welt
For mich ke' Uebl mehr seh',"
Un' lad't sich gar gschwind zum Concilium
Den mächtige Zauberer ei'.
„Was zahl' ich, wann Er, aber gschwind wie der Wind,
Mei' Katzejammer corirt?"
„„Ei hunnert Louisd'or, mei' gnädiger Herr,
Do hab' ich nit viel profetiert!""
„Als druff! do hot Er die hunnert Louisd'or!" —
Un' mit eme Troppe' Tinktur
War Katzejammer un' Alles vorbei
Un' meeschterlich war die Cur.
Jetz' lebt der Student in Saus un' Braus
Un' wo 'n e' Uebl genirt,
Do hot als der Magier gschwind wie der Wind
For blanke Dukate' corirt.
Ken' Schnuppe', ja nit 'n Stich vum e' Floh,
Nix hot er vertrage der Jung'.
„Ich will ke' Uebl," so hot er als gsagt,
„Nor Freed un' Beluschtigung."
Un' Geld hot's gekoscht, mer glaabt's gar nit,
Dann Uebel sin' kumme' die Meng',
Un' der Hexe'meeschter vor lauter Gethu'
War oft im gröschte' Gedräng.
'S war luschtich! — doch mitte' im Jubl, sich',
Da kummt der Deubl drher
Un' wettert un' flucht: „Jetz' hab' ich's genug,
Jetz' zahl' ich ken' Kreuzer mehr.

Bei so eme Handl, do gieng' ich zu Grund, —
Wer lebt ohne Plooch uf der Welt!
Un' Sie, um befreyt bum e' Schnuppe zu seh',
Verputze' mer Kischte voll Geld!
Ich will Ihne' sage', so thu' mer nit,
Behalte' Sie hübsch' Ihr' Seel'
Un' ich b'halt mei' Geld, sunst lacht mer mich aus,
Wann ich bun dem Handl verzähl'!" —
Un' Rum bibi bum! in Feuer un' Blitz
Uf emol war er ewech
Un' unser Student war wiebber wie sunscht
In Katzejammer un' Pech.

———

Do kann mer wohl sehe', wie uf der Welt
Doch Uebl un' Elend so groß,
Wann selber 'm Deubl die Kass' nit langt
Un' er kaaft sich nit een' drbun los!

Dun der Natur.

O Reichthum der Natur! —
Jo wart' eweil, 's is nit viel bra',
Guck nor deß Ding genauer a',
Es is mit all' dem viele' Glanz
Doch alsfort nor der alte Tanz.
Geb Acht, e' Perſching blüht als roth
Un' geel e' Butterblum,
E' Elephant wiegt nie e' Loth,
E' Eſel is halt dumm;
Die Sunn' geht noch de' alte' Gang,
Grad wie vor hunnert Johr,
Der Taach is als im Summer lang,
De' Vöchl wachst ke' Hohr;
E' Lerch' ſingt noch des nämlich Lied,
Als wie zu Adams Zeit,
Un' ſingt's noch ohne Unnerſchied
Wie dort vor Vieh un' Leut,
Un' bo b'rum macht mer ſo a G'ſchrei
Un' ruft: Wie reich, wie ſchee'! —
Wär' nit e' Schelmerei derbei,
Es thät bal anners geh';

Weeſcht aber, Freund, wie ſchlau ſie 's macht
Die goldich ſchee' Natur,
Sie zählt, wie lang mer ſe betracht',
Genau noch ihrer Uhr,
Un' meent ſe, eener hätt' genuch
In ihr'n Kram geguckt,
So muß er fort un' werrn 'm gſchwind
Die Aage' zugebruckt;
So halt' ſe ſich de' Buckl frei
In ihr'm Hoffahrtsdunſcht,
Do bleibt mer freilich ewig neu,
Deß is e' rechti Kunſcht! —

Noth an Poesie.

Es heeßt als, unserm heut'ge Dichte',
Dem sicht mer Armuth deutlich a',
Ich wees' warum un will Euch sage',
Was Ursach is un' schuld do dra'.

Die Poesie hot liebe Kinner,
Die schickt se so vun Zeit zu Zeit
Vum Himmel zu be' Mensche runner'
In ihrer Herzensfreundlichkeit.

Un' gebt 'n mit aus ihre' Gärtcher
Viel zarte Rose weiß un' roth
Un sächt 'n: „'s is viel Freed do brunne
„Un' aber aach viel Kreuz un' Noth.

„Do müßt 'r helfa un' verschön're'
„Un' bringt 'was Gut's vum Himml mit,
„Un' bringt viel Luscht mit eure' Blume',
„Sunscht glaabt mer euer' Herkunft nit.

„Un' wo sich frische Mädcher freue',
„Do bringt e' Sträußche' mit zum Tanz,
„Un' wann ee' traurig sin' un' weine',
„So tröscht' mer die aach mi'm e' Kranz.

„Un' wann ihr nit vergeßt die Mutter
„Un' habt ihr' Lehre' nit verfehlt,
„So derft ihr wiedder zu mr kumma
„Un' freu' mich, was 'r mr verzählt.

„Wann aber eens im Erdetauml,
„Ich hoff's nit, nimmer an mich denkt,
„Weeß' Gott, deß will ich nimmer sehe'
„Un' dem sei' Gärtche' werd verschenkt.“

So sin' vun denne schöne' Kinner
Gar viel gewannert in die Welt
Un' habe' noch der Reef' — im Himml
Der liebe' Mutter vorverzählt.

'S sin' aber mehr noch ausgebliebe',
Ach Gott, deß hot ihr weh getha',
Un' sich! drum kummt halt jetzt gar selte'
Do hunne' so e' Kindche' a'.

Ständche'.

Kumm, mei' Liebche', an's Fenschter,
'S is Alles so ruhich un' still,
Mei' Herz deß hot e' Verlange',
Un' daß's dich grüße' will.

Es will dich grüße' un' saache':
'S wär' kenni so lieb wie du,
Du wärscht sei' freundlicher Engl,
Sei' Glück un' Friede' d'rzu.

Un' 's will dich grüße' un' saache':
So vielmol hätt's dich gern,
Als dort am Himml flimmre'
Die viele' tausend Stern'.

Un' 's will dich grüße' un' saache':
'S wär standhaft un' wär' treu,
Un' thu'scht dei' Lieb' 'm schenke',
D'erlebscht gewiß ke' Reu.

Un' 's will dich grüße' un' saache':
Daß, wann b' 'm nit gut willscht sey',
So grabe's die Todte'gräber
Ach eh' de bra' denkscht, ei'.

An de' Champagner.

Weescht, warum ich so gar gern seh'
De' Champagner, deeß heeßt be' mousseux?
Sich! bloß weil er so luschtich is,
Weil er so zab'lt mit Händ' un' Füß'.
Ich hab' aach emol so gezab'lt,
Bin schier an ere Wand 'nuff gekrab'lt,
Wann e' hübsch' Mädche' obe' gehockt,
Die mich freundlich enuff gelockt. —
Weescht, warum ich so gar gern hör'
De' Champagner, er is wie 's Meer,
Braust und macht emm hübsche Gedanke',
Macht aach öfter e' Schiffche' schwanke',
Aber er hot kenn so g'fährliche' Sinn,
Schwimme' ke' Krabbe' und Haifisch drinn. —
Weescht, warum ich gern trinke' thu'
De' Champagner, ei guck' nor zu:
Im Champagner sin Perle' viel,
Die juscht mache' deß luschtich' Gewühl,
Un' trinkt eener den liebe' Wein,
G'höre' jo all' die Perle' sein!
Sich! deß wisse' die große' Herrn
Un' ich aach, drum trink' ich 'n gern.

———————

Vun der Sunn'.

'S git nix Coquetters wie die Sunn',
Sich! bischt du ganz allee',
Hoscht nix zu thun, deß merkt se glei'
Un' bleibt e' Weilche' steh'.

Sie meent, do wär' die günschtich Zeit,
Daß b' se bewunn're könntscht,
Un' weil ke' anneri grad' do,
Wär' freilich sie die schönscht.

Doch bischt Du beim e' hübsche' Kind
Un' machscht do brav die Cour,
Do laaft se voller Zorn so g'schwind
Wie e' Sekunde'=Uhr.

Un' sich! Vun derc' Eit'lkeit
Uf ihr goldschnittich's G'sicht,
Do kumme' aach die Mohre' her,
Deß is e' bsunnri G'schicht'.

Ich will se euch verzähle', doch
Sie is vielleicht nix werth,
Es is juscht aach nit alles wohr,
Was mer emol so hört.

Was heut zu Taach die Mohre sin,
Die ware' amol weiß,
Do war die Sunn' viel jünger noch,
Sie war noch ebbes Neu's,

Do fallt's dem dumme' Völkche' ei'
Un' bette' se gar a',
A solchi Ehr' hot sellemol
Ihr Niemand angetha'.

Jetz' bleibt se b'r vor lauter Stolz
Als ober ihne' steh',
Un' horcht do uf die Schmeichlerei
Un' kann nit weiter geh'.

Was war die Folg'? do hot se se
Wie Kohle' schwarz gebrennt
Un' habe' die enanner dort
Gar nimmermehr gekennt. —

So freilich treibt se's nimmer jetz',
'S hot Ufsehe' gemacht,
Un' sie hot wohl en' Wischer kriecht
Un' gebt e' bische' Acht.

Doch traut ihr nit, ihr Dichter gar,
Die ihr se so verehrt,
Dann in dem Punkt, bo seyd ihr all'
Nit bsunners uffgeklärt.

Un' deß wär' doch in unsrer Zeit
Wahrhaftich gar zu dumm,
Ginge' die Dichter uf emol
All' wie die Mohre' 'rum.

Die zwee Engl.

Der Richter sächt: „Ihr seyd schwer a'geklagt
Mit Saufa, Schulde' un' so Lumperei,
Ihr wißt's, jetz' nemmt euch zamme', wäscht euch weiß,
Sunscht is mei' Urth'l gefällt un' 's bleibt drbei."

„„Ihr Gnade', nit daß ich do läugne' will
Bun dem, was vorliegt un' was g'schriebe steht,
Doch is der Grund bun All'm, wo mich trefft,
Nor e' Verwechslung, wie's halt oft so geht.

„„Verstehen Se, es is a korzi G'schicht';
Mei' Mutter selig hot mer emol g'sagt:
Uff Eens, mei' Karlche, vor All'm horch
Un' geb mer all' bei' Lebelang druff Acht!

„„Zwee Engl, sächt se, hot e' jeder Mensch,
'N gute un' 'n böse, un' der ee'
Der roth' for's Gute, un' der annere
Der führt sei' Wort for's Böse nor allee;

„„Jetz' geb' wohl Acht, was jeder bun 'n sächt,
Un' hörscht be, daß es nit zum Gute' zielt,
So thu's nit, folg' nit, lockt er wie er will,
Dann gebscht de nōch, so bischt be aach verspielt.

„„Deß hot se gsacht, un' ich hab's gut gemerkt
Un' hab' alls g'horcht, doch kenner hot gerebt,
Bis am e' heese' Tag, wo mich der Dorscht
Wahrhaftig bal' zu tobt gepeinigt hätt',

„„Do sächt der eene, ich hab's deutlich g'hört:
„Trink, Karl, trink!" o, 's hot so schö' gelaut',
Un' frog' ich Euer Gnabe' selber jetz',
War's dann nit gut, daß ich sein'm Wort getraut?

„„So trink' ich halt, un wie ich hab' gemeent,
'S wär' bal' genug, so frog' ich noch emol,
Un' sich! „Trink, Karl, trink!" deß hab' ich g'hört,
Die nehmlich Stimm', daß mich der Deubl hol'!

„„No! was mer sächt, e' Spitzche hab' ich 'kriecht,
War aber in der Seel' vergnügt b'rmit,
Aha, jetz' weeß' ich's, hab' ich mer gebenkt,
Deß is bei' guter Engl, 's fehlt sich nit.

„„Druff üb'r e' kleeni Weil war wiebber Dorscht
In mein'm Kalender, un' ich merk' 'n kaam,
So hör' ich aach schun mei' „Trink, Karl, trink!"
Ihr Gnade', ich versicher', 's war ke' Traam,

„„Es hot mich förmlich a'gegriffe' schier
Vor Dankbarkeit, un' gern hab' ich's getha'
Un' bin so luschtich worre' un' fibel
Un' guck die Welt so rosefarbig a',

„„Deß loßt sich gar nit b'schreibe', uff emol
So mitte' d'rinn, wo ich an gar nix denk',
Do bischgert mer in's Ohr e' wibbrig' G'schnauz:
„Hör' uff jetz', Karl!" — Ei so kriech die Gränk!

„„Du bischt der anner', hab' ich bei mer g'sagt,
Un' juschtement jetz' hock' ich fescht wie Pech
Un' pump' d'ruff los un' dei' Duckmauserei
Un' all' dei' Bosheit bringt mich nit ewech.

„„Jetz' weeß' ich gar nit, wie ich drzu kumm',
Es git Spetakl, ich verlier' mei' Geld,
Muß borge' un' so fort et caetera, —
Deß is die G'schicht, grad' wie ich's hab' verzählt.

„„D'rum, e' Verwechslung war's, deß seh' ich ei',
Ich hab' die Stimme halt nit recht stubirt"" — —
    „Schun gut, in's Loch drei Woche'! daß Ihr euch
    Mit denne' Engl besser exercirt."

————————

Ora et labora. Bet' un' arbeit'.

Es war emol e' großer Herr,
Gar reich un' lieb un' gut,
Der hot for all' sei' Dienerschaft
Gesorcht, wie's kenner thut.

Sie habe' kaam be' Dienscht gekennt,
Un' wer sei' Sach' getha',
Der hot aach Freede g'hat genung
Un' war nie hinnedra'.

In seine' Gärte' war's erlaubt,
Noch Luscht 'erumzugeh',
Do ware' Blume', Bääm un' Obscht
Wahrhaftich wunnerschö'.

Un' war, als wär's gar nit vor ihn,
Hot Alles gern verschenkt,
Un' was er a'geordnt hot,
Als an sei' Leut' gedenkt.

Nor in fei' Schloß, wo er gewohnt
Im allergröschte Staat,
Wann eener do hot derfe' 'nei,
Deß war e' bsunnri Gnad'.

Jetz' war dann unner feine Leut'
E' fauler Hoflaquai,
Un' der hot als zu bitte' g'hat
Un' nix getha' drbei.

Er hot fein' Herrn viel hunnertmol
Versichert feiner Lieb',
Un' daß er fo gern bei 'm wär'
Un' fo gern bei 'm blieb,

Un' als gebitt', daß halt der Herr
Ihn zu fein'm Liebling nähm,
Un' daß er aach zu ihm in's Schloß
Un' an fei' Tafl käm'.

Statt aber, daß deß gfchehe' is,
So hot der Herr gefacht:
„Was hofcht dann du im Dienfcht getha',
Wie weit hofcht es gebracht?

„Mafchir' un' geh' mer aus 'm Gficht,
Dann wer nix thut, als bitt't,
Un' d'rum fei' Complimente' macht,
Verftehfcht, den mag ich nit." —

Nit wohr? Ihr sacht, der Herr hot recht,
Jetz' bild't Euch emol ei',
Es thät der Herr der liebe Gott
Un' 's Schloß der Himmel sey',

Un' eener, der nix thut, als bet't,
Dersell wär' der Laquai, —
Ob bo die Gschicht', wohl anners wär'?
Ich meen', 's wär' eenerlei.

Reeſ'hinnerniß.

Ich kann halt gar nit weiter kumme',
Es is e' wahri Noth,
Uf heut hatt' ich mer's vorgenumme',
Do war die S u n n' ſo r o t h;
Un' geſchtert, wie ich's überleech',
Laaft ſo e' Sapperlott,
E dummer Haas mer über'n Weech;
Do reeſe? — b'hüt mich Gott!
Am M o n d t a c h fangt mer nie was a',
Am S u n n t a ch wollt' ich geh',
Do muß, als wär's mer angetha',
E' Schwein am Stadtthor ſteh';
Uf morche' do werb's juſcht e' Johr,
Daß mir der Waache' brecht,
Der Tach kann freilich nix drvor,
Doch weeß mer's als nit recht;
Drum weeß ich nit, was anzufange',
For beßmol geht's mer bös, —
Dann beß werd' doch ke' Menſch verlange',
Daß ich am F r e i t a ch reeſ'!

Kathrinche'.

„Als fleißig, Kathrinche? was machscht be bann bo?"
„„Liebi Mutter, des git 'n Pantoffl for mich,
„„Ich fang' 'n grab a'."" — „No' so geb' emol her!
„Potz Tausend, was sin beß for feine Stich!"

„Du bischt e' g'schickt' Mädche un' hoscht 'was gelernt,
„Un' wann b' emol heuratscht, bo thut's br gar gut;
„Ich weeß, wie beß is un' wie aach e' Mann
„E' Fraa, die was kann, äschtemire' thut.

„Apropos, lieb' Kathrinche', ich meen', 's wär' jetz' Zeit,
„Daß be wählscht, dann wahrhaftich du hoscht grab'
                                        die Wahl.
„Wie wär' dann mei' Schweppermann, he? der Major,
„Du weescht jo, er zabbelt vor Liebesquaal."

„„Ach Mutter, der ewige Schweppermann
„„Mit sammt sein'm Major, bo denk' ich nit dra';
„„E' dicker Knolle', e' rother Kopp,
„„Un' trinke' thut er, mer sicht's 'm jo a'.

„„Ne Mutterle, ne."" — „Aber, liebes Kind,
„Mit dem Dickser', ich bitt' dich, wer kann do drvor;
„Un' nemmst be jetz' heut een so dünn wie e' Spell,
„So kann er dick werre' in etliche Johr.

„Deß heeßt jo doch nix, aber no' — der Herr Scholz?
„Der Sekretär, der is nit roth un' nit dick?"
„„Ne Mutter, nor b e n n i t, deß is gar fe' Mann,
„„Betracht' Se nor Eens, nor den schläfrige Blick,

„„Un' was is er so dumm."" — „Ei die Gränk, seh
doch still,
„Is e r dumm, bischt d u g s ch e i t, deß is jo e' Glück!
„Un' e' guti Parthie, wer kümmert sich do
„Um so Zeuch, was eener juscht hot for 'n Blick.

„Aber no'! noch e' Annrer, der Fabrikant Spitz,
„Der hot' e' Vermöge, deß is jo enorm,
„Un' was friechscht de do Sache'!" — „„Ach Mutterle, ne,
„„Deß is e' wahrhafticher Seide'worm,

„„Guckt nor uff sei Fäde' un' Gschpinnscht un' Ge=
web."" —
„Aber Kathrin', jetz' saach' nor, 's is doch unerhört,
„So Laune' un' Hochmuth un' Rumkrittlerei,
„Wahrhaftich, du bringscht mich noch unner bie Erd'!

„Un' der Vetter, der Fritz, was sächt die Mamsell?
„In den sin' die Mädcher doch all' wie verrennt?"
„„O golbichi Mutter, der Fritz?! ja der Fritz! —
„„Was hot Se dann den nit glei' genennt,

„„Ja golbichi Mutter, den nemm' ich zum Mann.
„„Un' jetz' will ich's aach g'steh', was ich vorhin nit
gsacht,
„„For de' Fritz hab' ich g'stickt, ach verzeih' Se die Lug,
„„For de' Fritz werd der schöne Pantoffl gemacht.""

Die Diener.

Es hot e' jeder Mensch viel Diener,
Do cummandirt er, was er will,
Un' Alles thun s' 'm, wie se' könne',
Un' wie sich's g'hört, gar mäuscheftill.

Die Diener heese' die Gedanke'
Un' wer's betracht't, der weeß gewiß,
Daß so e' Diener viel zu thu' hot
Un' oft nit zum Beneide' is.

Do hockt der Herr bequem im Garte'
Un' raucht sei' Peifche zum Kaffee,
Jetz' fallt 'm ei', er möcht wohl wisse',
Wie 's juscht mit be' Chineser steh'.

Do schickt er so 'n arme Deubl
Noch China, ei der sächt ke' Wort
Un' tummlt sich un' laaft wie bsesse',
Un' eh' dich umguckscht, is er dort.

Glei' druf, do muß e' annrer laafe'
Un' in die Schweiz noch sein'm Begehr,
Der Herr will wisse', wie die Jungfrau,
Der Berg dort, zum besteige' wär.

Jetz' denkt euch, deß hot halt sei' Raupe',
Herunne' geht's noch allnfalls,
Doch bei dem ferchterliche Grable',
Do brecht jo eener leicht be' Hals!

Un' oft beim allerschlechtschte Wetter,
Do summst er eem 'n Vers in's Ohr
Un' schickt 'n fort b'rmit zum Schätzche'
Un' sächt' 'm, sag's ihr wiebber vor.

Bal' zum e' Bauer, bal' zum König,
Wie's halt grad' is, muß eener geh',
Un' sich! wann Staatsvisite' kumme',
Muß Alles in Parade steh'.

Deß geht be' ganze Tag nit anners,
Doch anners geht's halt bei der Nacht,
Deß heeft, wann juscht der Herr will schlofe',
Dann 's is der Dienscht, so lang er wacht.

Doch wann er schloft, so thun die Diener,
Was ihne' gfallt, gar ungenirt,
Do werd geschwätzt un' werd gebablt
Un' über Alles räsonnirt;

Do spotte' s' n' un' lache' über 'n,
Der ee' macht' 'm e' langi Nas',
Der anner bringt 'm in sei' Zimmer,
Weeß Gott, was for e' Stadtfraabas'.

Un' manchmal is sogar schun gschehe',
Daß wann der Herr is uffgewacht,
Daß gar ke' Diener war zu sehe'
Un' Alles sich drvu' gemacht.

Natürlich is deß zum verzweifle
Un' die Verlege'heit gar groß;
Dann so e' Herr, der is verlosse'
Un' was mer sächt', gedankelos.

Jetz' deß is richtich, selber schuldig
Is oft der Herr in so 'me Fall,
Dann mancher gebt 'n kaam zu fresse'
Un' ploocht un' quält se überall.

Ich hab' een g'frocht, 'n alte Kerl,
Der viel gedient verschiebne Herrn,
Diewelle dann die gröschte Narre'
Un' bsunners wibberwärtig wär'n.

Do sächt er, mei' Gott, unser eener,
Der richt't sich halt, wie's is im Haus,
Nor eens nit, beim e' schlechte' Dichter,
Die Gränk, do halt's der Deubl aus!

Der Koch.

Gute' Morge', Herr Leibkoch, ei Sapperment,
Do brozlt's un' sied's jo ohne End;
Gott's Blitz, was for Fisch', Forelle' un' Aal
Un' Salme' un' Häring noch der Wahl,
Un' Auschtre' un' Krebse, wo sin' dann die her,
Deß sin' jo Unthier, glaab' gar bum Meer';
Un' was for Gelées un' Paschtete', der Glanz!
Un' deß do, deß is jo e' Biberschwanz!
Was is dann heut los, wer werd dann traktirt?
Heut werd jo e' Heidegeld vermangirt!
„Ei was werd's dann sey', Er is halt ke' Chrischt
„Un' weeß nit, warum mer anglt un' fischt;
„Es is jo Quatember, e' Faschttach is heut,
„Un' deß is for uns als e' zablichi Zeit,
„Un' meent mer schun oft, der Verstand steht emm still,
„Wann e' Herrschaft halt gar e so faschte' will."

———

Eens for 's Anner'.

1.

Bei Landau steht e' Rebe'berg,
Den heeßt mer die klee' Kalmit,
Wo kummt dann wohl der Name' her,
'S is eener, wie's wenig git.

Doch sächt e' Fraa': „Der Name' kummt
Halt vun de' Kalmite'blume',
Die blühe do schö dunkelblö,
Wann alls die Schwalbe' kumme'.“

„„Wo habe' dann aber de' Name' her
Die Blume', die mer so find't?““
   „Ei von der Kalmit, do wachse' se jo,
   Deß weeß e' jedes Kind.“ —

2.

„Ei Vater, was hot dann der liebe Gott
Die dumme' Schnacke' gemacht,
Die sin' jo doch for nix uff der Welt
Un' plöche' emm Tag un' Nacht?“

„„Sich! gäb's ke' Schnacke', so hätte' jo
Die Schwalbe' ke' Futter nit,
Gel', wann mer dir nix zu esse' gäb',
Wärscht aach nit zufriede' drmit."„

„Ja wohl, aber Vater, ich seh' nit ei',
For was sin' die Schwalbe' dann do?"
    „„Ei Kind, du denkscht doch gar an nix,
Verstehscht de, deß is so:

    „„Wann die Schwalbe nit wäre', was hätte mer
Mit denne Schnacke' e' Noth,
Mir wißte' for Schnacke' jo nit wohi',
Sie thäte' uns beise' zu todt."„

Lebenskunſcht.

Die Kunſcht, vergnicht zu lebe', gleicht
Der Kunſcht, Liqueur zu mache';
Mer braucht drzu, deß is bekannt,
So manche ſiebe' Sache'.

Deß erſchte is der Spiritus,
Doch geht's mit kemm gemeene',
Sunſcht merkt mer glei' de' Fuſl drinn,
Der loßt ſich nit gewöhne'.

For 's zweete brauchſcht be allerhand
Von Früchte' un' von Blume',
Un' manches Kräutche jung und friſch
Werd aach drzu genumme.

Deß muſcht be im e' gute Glaſ'
Mi'nanner beſchtillire'
Un' nocher, wie's b'r grad beliebt,
Noch Zucker brunner rühre'.

Die Früchte, Zucker, Kraut un' Blum,
Die losse' sich schun finne',
Un' brauchscht dich, hoscht de Geld genuch,
Nit viel do drüber bsinne'.

Doch for Retort un' Spiritus
Do muscht de selber sorche',
Die kaaft mer nit um alles Geld
Un' kannscht se aach nit borche'.

'S romantische Mädche'.

„O Vater, was war deß e' Herrlichkeit
In der alte' romantische' Ritterzeit, —
Do war noch am Leebe' e' Glanz un e' Pracht
Und die Mädcher die ware' noch hoch geacht',
Do habe' die Dame's F a r b e' getraache'
Un' do drum hot sich e' Ritter g'schlaache'!
Un' nemm nor den Staat und deß scheene Plaisir
Vun so eme Fescht, wie e' Ritterturnir!
Ja denk ich mich so in e' Borch am Rhein
Un' wie ich krebenz' denne' Ritter de' Wein,
Un' wie se so recht behaaglich pumpe'
Aus denne' große' silberne' Humpe'
Un' so verzähle' vun Krieg un' Jachd
Un' was se vum Kreuzzug heemgebracht;
Ich saach dir's, Vater, do thut's mer weh,
Wann ich jetz' die Zeit so prosaisch seh' —
Un' was habe' nit aach die Mädcher getha',
Denk nor an die Jungfrau von Orleans!" —
„„Geh', loß doch des Zeuch, 's is die Hälft' nit wohr,
Deß mache' emm so die Hischtoriker vor.
Un' deß Farbe'traache', was soll dann deß sey',

Deß ſin Hypotheſe', des bildſcht der nor ei',
Un' daß ſich die junge' Leut' nimmer ſchlaache'
For Farbe' un' Späß, deß hot nix zu ſaache',
Dann ſunnſcht wahrhaftich gäb's alle Täch'
Nix als Spetakl un' Prichl un' Schläch';
Un' tweeche' dem Saufe' un' Renommire'
Do brauchſt du die Ritter nit zu citire',
Dann der Artikl is wohl beſtellt,
So lang's noch Menſche' git uff der Welt,
Un' dieſell — die hätt' aach was Beſſers getha'
Als zu werre' die Jungfrau von Orleans,
Dann die hot mancher de' Kopp verruckt,
Daß ſe meent, ſie hätt' in de' Himml geguckt!'"
„Ach Vater, du hoſcht ke' Poeſie,
Un' deß is doch vum Leebe' die Blüh',
Mit deiner Obſchtzucht, mit Aeppl un' Bire',
Do hot mer freilich ke' Avantire'."
„„Mei' Kind, do leſ' nor dem Cook ſei' G'ſchicht',
Die is doch e' wahres Helde'gedicht,
Un' was war dann 's Enb' vun der Poeſie?
Do kriecht 'n amol e' Wilder beim Ohr,
Unb freßt 'n lebenbich mit Haut un' Hoor', —
Deß is vun ſo eme' Leebe' die Blüh'!'"

Der Lump.

'S is wohr, was der un' der so sächt,
Ja, ja, ich bin e' Lump,
Ich mag nix thu' un' thu' aach nix,
Un' sauf' un' spiel' un' pump'.

Als kleener Bu' war 's Werthshaus schun
Mei' liebschter Aufenthalt,
Un' wann ich een beschumle' kann,
No'! so beschuml' ich halt.

Un' Händl habe' un' Krawall
Deß geht mer All'm vor,
Drum wann mich eener heest 'n Lump,
Recht hot er, es is wohr.

Jetz' aber kummt e' annri Froch,
Die hab' ich mer oft g'stellt,
Wann's gar ke' Männer gäb' wie ich,
Wie wär's dann uff der Welt?!

Wann die Moral e' Uneform
For alle Mensche' wär',
Wo käm' denn e' Begeischterung
For Tugendhelde' her?

Die wäre' ganz zu Grund' gericht'
Mit all' dem Eenerlei,
Un' Strebe', Ringe', Nocheifrung,
Deß Alles wär' vorbei.

E' Kerchethorn zeigt a' die Kerch,
Un' so 'was kann er bloß,
Sich! weil die Häuser kleener sin,
Mit dem nor is er groß.

Un' wo Licht is, muß Schatte' sey',
Un' 's is gewiß ke' Lug',
Der wo dem Schatte' weiht sei' Kraft,
Hot dra' zu thu' genug.

Drum will ich bleibe' aach e' Lump,
Bis ich im Loch drinn liech',
Denn 's gschicht der Tugend nor zur Ehr'
Un' for die opfr' ich mich.

'S Meer.

Wann d' am 'e Bach stehscht, an 're Quell
Un' Alles ringsrum still,
Geb' Acht, do fange' se 's Plaudre' a',
Was eens halt sage' will;
Un' die Quell verzählt un' der Bach verzählt
Un' die Ufer die höre' zu,
Dann die Wässer die kumme' gar weit 'rum
Un' habe' selte' 'n Ruh.
Un' der Fluß un' der Strom macht's aach e' so,
Die wisse' natürlich gar viel,
Die kenne' die Städt' aus 'm Funbament
Un' kenne' 's Mensche'gewühl.
Un' sie reese', deß weeß mer, all' in's Meer,
Warum? deß weeß ich nit,
'S kann sey', 's is dort ihr großer Markt',
Wo's Gschäfte' zu mache' git,
Un' 's is aach grad', als wann's so wär,
Un' weil halt 's Meer so groß,
Git's oft e' Verwerrung un' is halt do
Alle Aage'blick 'was los.
Dann 's kumme' Frembe aus jedm Land,

Die verſteh'n ſich oft nit,
Un' natürlich ſchwimmt die kreuz un' queer
Die Politik aach mit:
Do kummt der Rhei', der is gut deutſch,
Un' die Themſ', die engliſch gſinnt,
Un' die Sein' ganz trüb un' thut doch dick
Mit lauter Pariſer-Wind.
Jetz' ſtoße' ſe ſich halt im Gedräng'
Un' fobbre' ennanner 'raus,
Do git's nocher Händl un' werd am End'
E' Höll-Spetakl b'raus;
Do is e' Gebrüll un' is e' Cravall,
Mer hört's viel Stunde' weit,
Un' bſunners die drei, die ſin gar ſtolz
Un' habe' gar gſchwind 'n Streit.
Un' miſcht mer ſich 'nei', ſo is es riſchquirt,
Do kumme die Schiffbrüch' her,
Un' es ſage nor Leut', die's nit verſtehn,
Daß e' Stormwind ſchuld dra' wär'. —
Geht's aber aach friedlich un' ruhig zu,
So hört mer doch als e' Gebraus,
Un' mer hört gar oft in ſtiller Nacht
Bekannte Stimme' 'raus;
Deß is die Quell un' is der Bach,
Die mer ſunſcht emol hot ghört,
E' Landsmann, ach du lieber Gott,
Der vielleicht heem begehrt,
Der vielleicht denkt, wie war's doch dort
So ſchö' in Flur un' Wald

Un' dem's jetz' bangt in dem Gewühl
Un' dem's jetz' nimmer gfallt. —
Wer je am Meer hot g'horcht, der weeß's,
Un' wann emm so 'was g'schicht,
So kann's jo gar ke' Wunner sey',
Sich! wann mer 's Heemweh kriecht.

Kritik.

„Ei guck, der Fritz! Warscht lang nit hier,
„Wie geht's dann, lieber Fritz?
„Was macht die Musik, 's Mole', he?
„Was treibt der Dichterwitz?
„Du warscht jo alls e' Hauptgenie —"
„„'Werd niy mehr cumponirt!"„
„O ho! warum?" „„Mei' Oper kennscht,
„„Wie hot mer mich tractirt!
„„Deß Beschte bra', bie Ouvertür,
„„Die Chör', beß Scherzbuett,
„„Deß Alles hot mer ignorirt,
„„Ke' Wort b'rvun geredt;
„„Was aber Bagatelle sin,
„„Die Couplets un' so Zeug',
„„Die hot mei' Kennervolk gelobt,
„„Die Gränk! Do dank' ich euch.
„„Un' 's M o l e', beß is aach vorbei,
„„Ich hab' e' Bild gemacht,
„„Die Flora mit be' Blume', weescht,
„„In aller Jugendpracht,
„„So idealisch — no' bo war
„„Als Ecke'brapperie
„„E' Vorhang bruff mit Quaschte' bra',

„„Ke' Kunſcht un' aach ke' Müh;
„„Der Deubl hol' mich, gucke' ſe
„„Nor alls die Quaſchte a'
„„Un' ſchwätze', wie natürlich die,
„„Wie 's Golb ſo glitzrich bra',
„„Un' aach die Blümcher, was die ſchö',
„„Un' froche', o die Ehr',
„„Als wie erſtaunt, ſeit wann ich dann
„„E' Blume'moler wär'!
„„Bun meiner Flora nit e' Sylb,
„„Nor eener, der hot g'ſacht,
„„Ei, ei, die Schwane'=Guſchtl, gel'? —
„„Un' hot mich a'gelacht.
„„Un' 's Dichte'?! Wann ich g'ſunge' hätt':
„„E' kleeni Gichlgeig
„„Zum Tanze' un' e' hübſches Kind
„„Die ſin mei' Himmlreich! —
„„Un' ſo was, o bo wäre' ſe
„„Charmant die liebe Schätz',
„„Doch gilt's e' Poeſie bun Schwung,
„„Do ſchweigt mer! weeſcht b' es jetz?"
„Geh' weiter, loß die Kritiker,
„Die Gſchichte' kennt mer jo,
„Die mehrſchte' könne' ſelber nix
„Un' juſcht drum ſin ſe ſo.
„Do mach' du's wie die Lerch' im Feld,
„Die is nit brüber bang,
„Ob dann ihr Lied aach jeb'm g'fallt,
„Sie ſingt un' fröcht nit lang."

———

Lob der Einbildung.

Wer nor so in de' Taach nei' lebt,
So still un' hübsch bescheide',
Der is juscht um sei' Existenz
Nit b'sunners zu beneide'.

Dann nor allee' die Phantasie
Kann's Leebe' emm versüße',
Do kann mer habe', was mer mag,
Un' ungestört genieße'.

So zum Exempl git's viel Leut',
Die leebe' voll Vergniche',
Blos weil se sich einbilde' thun,
Der Deubl woll' se krieche'.

Guckt eeni so een freenblich an,
Un' er is weiter 'gange',
So lobt er sich un' macht sich weis,
Die hätt' 'n wolle' fange'.

Un' red't mer 'm zum e' Spielche' zu,
Zum Luschtichsey', zum Trinke',
So lacht er, daß er 's glei' gemerkt,
'S thät der Verführer winke'.

Natürlich hot der als en Krieg
Un' Streit mit dem Verwünschte',
Un' wo e' annrer nit bra' denkt,
Do sammelt er Verdienschte.

Un' wann mer 'n en Esl heest,
Deß nemmt er gar nit übl,
Er denkt, ohne Beleidigung
Blüht doch ke' Tugendzwiebl.

So krablt er noch manch'm Tag
Recht siegreich in sein Winkl
Un' schloft wahrhaftig selich ei'
In sein'm geliebte' Dünkl.

Ja sich! e' annrer hot deß nit,
Der nix weeß vun Dämone',
Un' daß mer als so fechte' muß,
Damit se emm verschone'.

Un' recht betracht, is nix rischquirt,
Dann s' hot, so viel mer wisse',
A so e' Unding uff der Welt
Kenn' Mensche' noch verrisse'.

Drum is aach so e' bische' Spliin
Wahrhaftich zu empfehle'
Un' muß e' wahri Wohlthat seh'
Vor viele arme Seele'.

Ueber's Johr.

Es war emol e' hübsches Kind,
E' Mädche schlank un' zart,
Die hot gefreit e' junger Mann,
Hot d'rum ke' Müh' nit g'spart,
Un' 's war juscht um die Rose'zeit,
So bringt er e' prächtig's Bouquet
Un' frocht bescheide', ob er dann
Mit ihr ke' Aussicht hätt'.
Do hot des Mädche' d'rüber gelacht
Un' sächt 'm mit Humor:
„Gut' Ding will Weil, die Antwort aach,
„Sie krieche se über's Johr."
Do war der Jüngling hoch entzückt,
E' Johr is freilich lang,
Geht's aber aach oft lendelahm,
Es macht halt doch sein Gang.
Un' wiedder um die Rose'zeit,
So kummt er mit 'me Strauß,
Die rothe Rose gucke' bra'
Als wie verliebt 'eraus.
Un' um die Antwort bitt't er dann
Bescheide' wie zuvor,

Sie aber sächt: „Gut Ding will Weil,
„Ich antwort' über's Johr."
Deß hot 'm freilich weh getha',
Doch Mädcher sin halt so,
Un' weil se nor nit nee hot g'sacht,
So war er alls noch froh.
Deß Mädche' aber kümmert sich
Ke' bische' um die Zeit,
Ihr Spiegl sächt jo alle Tag,
Wie geschtert bischt de heut,
Bischt jung un' schö' un' Naupe' hot's
Mi'm Ehstand, deß is wohr,
D'rum wie er wiebber kumme' is,
So sächt se: „Ueber's Johr." —
So sin drei Johr vorbei gewest,
Do kriegt se e' Schachtl g'schickt,
Un' wie se uffmacht, lieber Gott,
Was hot se do erblickt,
E' Strauß bun weiße' Rose' war's,
Un' d'rum e' schwarzes Band,
Ihr Schatz war todt, e' Zettl sächt's,
Es fallt ihr der Strauß aus der Hand.
Un' ach! die Reu' hot jetz' geknickt
Ihr sunscht so leicht' Gemüth,
Un' wie der Strauß war derr un' fahl,
So war aach sie verblüht. —

Deß merkt euch, Mädcher, un' denkt dra'
Un' seid nit gar zu spröb,

Sich! wann e' Herz gebroche' is,
Dernocher is's zu spät.
Die Schönheit is euch nor gelehnt,
Daß ihr's jo nit vergeßt;
Dann oft hot eeni schun gemeent, —
'S is aber nix geweſt.

Der Winter un' die Nix.

Anno Eens hot geblose' e' schrecklicher Wind,
War e' Winter so kalt, wie mer gar kenn' mehr find't,
Un' Flocke' so groß wie die Schwane' hot's g'schneit,
Un' sin dort verfrore' viel Vieh un' viel Leut';
Un' warum sellemol war der Winter so bös,
Deß will ich verzähle', so gut wie ich's weeß.

**I. Wie der Winter übl's Humors im Himml sitzt un'
an e' Erde'nix denkt, die 'n nit mag.**

Der Winter is drobe' im Himml gsesse'
Gar tief in sein'm Schnee, voller Gift un' Zorn,
Hot grimmig sein' flockige' Rock betracht't
Un' G'sichter über G'sichter gemacht.

„'S is Herbscht," so hot er vor sich gebrummlt,
„Ich muß wiedder nunner in's Erde'nescht,
„Ich thät's jo so gern, wann Eens nit wär',
„Die Lieb', ach, die Lieb', die plocht mich schwer."

Warum er so gsacht hot, deß will ich euch sage':
'S hot sellemol g'haust e' Nix uf der Welt,
Die war e' Bild vum e' liebliche' Kind,
E' Schönheit, wie mer se selte' so find't.

Sie hot gewohnt im e' luschtiche' Wäldche',
Gar einsam mit Vöchl un' Blume' allee';
Die hot se gepflegt, geliebt un' geherzt,
Un' mit ihne' g'spielt, geplaudert un' g'scherzt.

Wann aber der Mond hot in's Wäldche' g'schiene'
In stiller Nacht mit sein'm freundliche' Licht,
Do war ihr oft nit um luschtig'n Scherz,
Es war ihr oft weh um's junge Herz.

Do hot se geschwärmt un' in Sehnsucht g'sunge',
Un' daß ihr Geliebter so grausam wär',
Un' daß er so selte' kummt zu ihr,
Der herrliche Jung, in's Waldrevier.

Der Jung war der Frühling, dem war se gewoge',
Un' der is halt als gar g'schwind wiedder fort,
Deß hot se gar oft geklagt zu be' Stern',
Un' wie s' 'm so treu wär' un' hätt' 'n so gern.

Do is dann emol aach der Winter kumme
In selbig'n Wald un' hot g'sehe' die Nix,
Juscht wie se so g'sunge', so sehnlich betrübt,
Un' hot sich bis über die Ohre' verliebt.

Er hot sich gedenkt, do kann mer jo helfe',
Wann dir um e' Schätzche gar e' so is,
Un' steigt uf se zu, un' grüßt se gar schö',
Un' will aach 'was sage', 's will aber nit geh'.

Die Nix is verschrocke' un' hot 'n mit Zittre',
Mit wahrhaft'm Schauer gar groß a'geguckt,
Un' is nocher flüchtich, als wie e' Gazell'
Im Schilf verschwunde' an ihrer Quell'.

Der Winter is nooch, so g'schwind er hot könne',
Un' hot in dem Schilf wie e' Eisbär gewühlt,
Doch Alles umsunscht, statt der niebliche Fee
So jagt er drei Schneegäns' vor sich in die Höh'.

Un' wie er's aach macht, un' wie oft er is kumme',
Er sicht se halt nimmer, sei liebi Nix, —
An beß hot er jetz' im Himmel gedenkt,
Un' hot sich in tiefschtn Aerger versenkt.

II. **Wie der Winter sein'm gute Freund Hachl ruft, dem Hauptspitzbu', un' was die zwee mitenanner ausmache'.**

Un' wie dann der Winter so hockt in Gedanke',
So fallt 'm sei Freund, der Herr Hachl ei',
Den muß ich doch froche', so sächt er bei sich,
Wer weeß, vielleicht hot der 'n Noth für mich.

Do schickt er 'n Schneeballe' fort zum Herr Hachl,
Un' richtich, der kummt; e' schöni Figur,
E' kuchlicher Glatzkopp, sunscht war schier nix brä',
Der hört halt die Klag' un' deß Elend a'.

„Ja sich! lieber Freund," so sächt der Herr Hachl,
„Daß Er so 'me Ding, wie e' Nix is, nit g'fallt,
„Deß is ganz natürlich; dann in dem Rock,
„Do sicht Er schun aus wie e' Zottlbock.

„Deß Nixche', ich kenn se, die nehmt sich zum liebe'
„Was Nieblich's, 'n Kerl, der hübsch un' galant,
„Un' wann ich nit err', so hot mer eens g'sacht,
„Daß ihr Monsieur Frühling die Cour als macht.

„Do is wenig Hoffnung, doch wüßt' ich e' Mittel,
„Der Rock macht gar viel, probir' Er's emool,
„Un' stehl' Er dem Stutzer e' blumiches Kleed,
„Do werd Er schun sehe', ob's besser geht."

„„Wahrhaftich, Freund Hachl, des will ich probire',
„„'S is richtich, der Rock macht allzeit de' Mann.
„„Adieu, lieber Freund!"" „No' mach' Er's sei' g'schickt,
„Ich wünsch' 'm vun Herze', daß Alles gut glückt."

Jetzt nehmt der Herr Winter sein' gröschte Mantl,
Vun Schneeflocke' halb un' halb Hermelin,
Un' geht zum Herr Frühling, e' harter Gang,
Dann daß der 'was merkt, um deß war 'm bang.

Der Frühling, der hot seit ewige' Zeite'
E' herrliche Villa bewohnt uf 'm Land,
Gar luschtich gebaut un' frei un' frisch,
Un' ringsum blüh'nde Bääm un' Büsch!

Do sin vor der Thür' juscht Bediente g'stanne',
Zwee junge farbige Papillion,
Die frocht dann der Winter, ob 's Herrche' drheem,
Un' sie saache', er schloft dort unner de' Bääm.

„So, so,“ sächt der Winter, „ihr müßt 'n nit wecke',
„Es is nor e' Neugier, warum ich juscht kumm',
„Es liecht mer schun lang' der Gedanke' im Kopp,
„Ich möcht' emol sehe' sei schöni Gard'rob!“

Exllenz, saache' die, bie könn' mer schun zeige',
Un' führn 'n dann in 'n herrliche Gang,
Do war an der Wand vun Kleeder e' Pracht,
Mer hot nor Alles mit Staune' betracht't.

Deß Röckche' vun Rose', un' des von Narcisse',
Un' wiebber e' anners vun Veilcher gewebt,
Un' Höscher vun Blüthefäbcher gestrickt,
Un' mit Glockeblume' gar zierlich gestickt.

Un' Cravatte' un' Gilets vun duftiche' Blätter
Vun Balsamine' un' vun Jasmin,
Un' aach Vorstecknable' un' was mer so tracht,
Vun Vergißmeinnicht un' Pensés gemacht.

Do klotzt die Exllenz, un' loßt die zwee hole'
Vun hinne' un' vorne die koschtbarschte Röck,
Un' endlich 'n Schlafrock, schö' blumich un' fei',
Den mauschlt er gschwind unnern Mantel 'nei'.

„'S is prächtich," so sächt er, „ich loß mich empfehle',
„Hab' nie so 'was g'sehe'!" un' so trollt er fort,
Un' ruft noch: „Ihr Junge', hört, for euer' Müh',
Do macht emol mit m'r e' Schlitteparthie."

III. Wie sich der Winter putzt un' uf der Erd zu der
Nix kummt, un' wie do allerhand Verlege'heite' ent=
stanne' sin.

Der Winter hot g'schmunzlt, daß Alles gut 'gange',
Un' wie er drheem war, so putzt er sich glei',
Drei Eiszappe', die juscht de Kammerbienscht g'hat,
Die gucke' sich an dem Staat gar nit satt.

Der Herr loßt sich aach gar sauber rasire'
Un' nimmt als Frisur e' blondi Peruck',
Un' schminkt sich un' schmiert sich Pomad' in die Hoor,
War jünger wahrhaftig um hunnert Johr.

Wie aber die Eiszappe' habe' gebunne'
Den blumige' Rock mi' me Gürtl bun Gold,
Un' wie s' 'm e' vornehmi Kett' umg'hängt,
Do habe' se etliche Blume' versengt.

Die habe' verlore' die Farb' un' sin worre'
Ganz schwarz, doch der Alte hot's nit gemerkt,
Schiebt noch in de' Sack Diamante' un' Geld
Un' so reest er fort uf die Erde'welt.

Bald find't er deß Wäldche', un' was for Entzücke',
Er sicht aach die Nix un' die ruft 'm glei' zu:
„O Freund, o mei' Alles, du bischt wiedder do,
„Ei grüß' dich der Himmel, wie bin ich so froh!"

„„Ach Engl, ich hab' gemeent, 's Herz will mir breche,
„„So lang, ach so lang warscht du nimmer bei mir,
„„Jetz' setz' dich nor her un' verzähl' mer nor gschwind,
„„Un' geb' mer dei Hand, wie geht's dann, mei' Kind?""

Un' wie s' 'm die Hand nemmt, so macht se 'n Zucker:
„Was fehlt dann, warum is dei' Händche' so kalt?"
Do sächt er: „„Mei Schätzche', ja nemm' mich in 'Arm,
„„Es friert mich wahrhaftig, es is mer nit warm.""

Die Nix hört die Stimm' un' sie sächt ganz verwunnert:
„Ei was for e' Stimm', so wild un' so rauh!"
„„'Hab halt 'n Kartharr, was liegt dann do dra',
„„Was guckscht de mich drum so zimberlich a'?""

Un' die Nix sächt ganz ängschtlich: „was sin deß for Blume,
„Die do auf dein'm Rock, die sin jo ganz schwarz
„Wie 's Laab an de' Bääm noch 're froschtiche' Nacht
„So Blume', die hoscht de doch sunscht nit gebracht."

Die Gränk! denkt der anner', un' stottert: „„Mei' Täubche',
„„Deß is halt jetz' Mod', mer hot's halt e' so,
„„Doch kümmer' dich um so Lapalie' nit,
„„Do guck uf 'was anners, ich bring dir 'was mit.""

Un' er ziecht aus 'm Sack Diamante' un' Thaler:
„„Die, Mädche', häng' a', die stehn d'r gut,
„„Ich hab' se gekaaft, un' nor zu dein'm Spaß,
„„Die Dinger sin theuer, die koschte mich 'was.""

Un' die Nix guckt se a', un' seufzt: „Nemm die Dinger,
„Un' geb' mer, wie sunscht, e' Veilche'bouquet,
„Un' saach e' Gedicht, hübsch zärtlich un' fei',
„Deß soll mer wahrhaftich viel lieber sei'."

Jetz' werd 'm schier übel, er zablt vor Aerger,
Doch endlich so sächt er: „„So hör' mei' Gedicht,
„„S is klassisch un' korz, drum' hör's in Geduld,
„„Un' wann 's dir nit g'fallt, bischt de selber dra' Schuld.""

**IV. Wie der Winter sei' Liebsgedicht sächt, un' was weiter
gschehe' is, bis an's End' vun der ganze Gschicht'.**

Noch mancherlei Bsinne' un' Räuspre' un' Huschte',
So fangt halt der Courmacher endlich so a':

Du bischt mer lieber, als e' rothi Sunn',
Wann die im dickschte Nebel steht,
Un' 's is doch richtich, wer die Schönheit kennt,
Daß do nit leicht 'was drüber geht.

Dich seh' ich lieber tanze', als de' Storm,
Wann der mit tausend Blätter tanzt,
Un' lieber, als e' Nordlicht, seh' ich dich,
Obwohl des doch gewiß noch schöner glanzt.

Du bischt mei' Schatz —
   „No? was willscht de' dann mache',
„Was Dunner, was laafscht dann d'rvu, bleib' doch do!"
Un' zuruck ruft die Nix: „Nee, nee, wie deß klingt,
„So weeß ich gewiß, daß mei' Frühling nit singt."

Un' wup, war se wech un' war fort in's Geröhricht,
Un' wie er aach ruft un' bitt't, s' war vorbei,
Do klotzt er versteenert un' nocher in Wuth,
In wilder Verzweiflung tobt 'm sei' Blut.

Do verreißt er den Rock un' verflucht alle Blume',
Un' Alles, was grünt, un' Alles, was blüht,
Un' verflucht alle Quelle', de' Nixe ihr Haus,
Un' ruft all' sei' Völker zu Mord un' zu Graus.

Un' wie er so brüllt mit de' Fäuscht gege' Himml,
Kummt's drunner un' drüber dort schrecklich drher,
Vun Wolke' zu Wolke' e' dumpfes Geheul,
Un' Werble' un' Wirre' un' Schauer un' Gräul.

Millione' vun Schneemänner kumme' geritte',
Un' Eiszappe' nooch, mit de' wüthiche' Spieß.
Als Schaare' uf Schaare' als ging's an e' Schlacht,
Un' verfinschtre' de' Tag mit Nebl un' Nacht.

Un' bal' war die Luft un' die Erd' am Verſticke',
Un' Alles, was grünt, war begrabe' un' todt,
Un' Alles verfrore' bei Stumpe' un' Stiel,
Un' erſtarrt de' Quelle' ihr luſchtiches Spiel.

So hot er gemeent, der eiſige Wüthrich,
So rächt er gewiß ſei' beleidichti Lieb',
Un' hot ſich gedenkt: jetz' gehſcht be zu Grund,
Du Nixemamſell, un' deß is dr g'ſund. —

'S war aber doch anners! dann wie ſich verborge'
Deß roſige Kind im ſilberne Quell,
So führt ſe e' Fiſchche', tief unter der Erd',
Gar heemlich an's Meer, wie's ihr Schickſal begehrt.

Un' do habe' ſe junge Delphine getrage'
In's Land bun Italie', deß unſer Tyrann
Nie g'ſehe', wohl aber ihr Frühling gewißt,
Un' den hot ſe dort noch lieber geküßt.

––––––

Ja, ſo war die Geſchicht' anno Eens bei dem Wind,
Wo e' Kält' war, wie mer ſe gar nimmer find't,
Wo 's Flocke', ſo groß wie die Schwane hot gſchneit,
Un' wo ſin verfrore' viel Vieh un' viel Leut;
Jetz' wißt 'r, warum ſeller Winter ſo bös,
Ich hab's euch verzählt, ſo gut wie ich's weeß.

––––––

'S Kindsmädche'.

„Schlof, Kindche', schlof,
Dei' Vater hüt' die Schof,
Dei' Mutter hüt' die Lämmelein,
Schlof, mei' liebes Kindelein,
Schlof, Kindche'; schlof."
Ach wann nor der Bu' emol schlofe thät,
Es werd' schun finschter, es is schun spät
Un' um achte wär' ich so gar gern b'runne',
Sunscht waart' jo mei' Liebschter umsunscht am Brunne',
De' ganze' Taach, kee ruhichi Stund'
Is doch eme' Mädche', wie mir vergunnt! —
„Schlof, Kindche', schlof,
Dei' Vater hüt' die Schof." —
Ja willscht be dann gar nit schlofe' heut',
Jetz' sing' ich e' halbi Ewigkeit
Un' noch ke' Schlof un' noch ke' Ruh',
Grad wie Quecksilber is der Bu'.
„Schlof, Kindche', schlof,
Dei' Mutter hüt' die Lämmelein,
Schlof, mei' liebes Kindelein." —
Jetz' endlich werd's doch emol was sey',
Gottlob und Dank, jetz' dus'lt er ei'!

„Schlof, Kindele, schlof,
    Dei' Vater" — horch jez' schlacht die Stund',
Bal' küßt mei' Liebschter mir de' Mund;
    „Schlof, du liebes Lämmelein,
    Der Vater hüt' die Kindelein." —
Jez' still' un' sacht' in's Bettche fei',
Sum sum, sum sum — jez' legt s' 'n nei',
Un' schleicht so leis' als wie e' Kaz'
Zum Brunne' 'nunner zu ihr'm Schaz. —
    Un' über's Johr do singt die Magd
    Wie sunscht am Obe'd um en acht'
    Ihr „Schlof, Kindche', schlof".
Do singt sie's for ihr eige' Kind,
Deß schloft aach nit so gar g'schwind,
Doch fallt's ihr weiter nimmer ei',
Sie möcht so gar gern d'runne' sey',
Dann 's waart' uff sie do d'runne'
Ke' Liebschter mehr am Brunne'.

'S Hedlberger Faß.

Am riesiche' Hedlberger Faß
Thut e' Fremder des Spundloch betrachte'
Un' sächt: Es is nit zu verachte',
Wer kann aber saache', es tanze' d r e i P a a r
Do d'ruff, geh weiter warum nit gar!
Es werd mi'm e' eenziche kaam recht geh',
Viel weniger drei, es is jo zu klee'. —
Do sächt die Fraa, die zum Explicire'
Die Fremde' dort muß in be' Keller führe':
Verzeihe' Ihr Gnade', Sie erre sich,
Deß Ding, es scheint wohl e' bißche' betroge',
Doch is es wahrhaftich so weit nicht geloge',
Dann sehe' Se nor, es tanze' im Grund
Drei Pärcher bequem do uff dem Spund,
Nor tanzt als eens noch 'm ann're.

Als noch 'n Schoppe.

O Wein, du bischt e' lieber Freund,
Dei' Sunn' wann in mei' Gläsche scheint,
So soll's drauß wettre', wie's nor mag,
Mir is, als wär' der schönschte Tag.
    Als noch 'n Schoppe'!

'S laaft in der Welt so mancher 'rum,
Der sicht nix grad', sicht Alles krumm;
O Freund, so eener kennt dich nit,
Sunscht stünd's wohl nit so schlimm d'rmit.
    Als noch 'n Schoppe'!

Uf dich, mei' Schatz, verloß ich mich,
Un' will der Griesgram rühre' sich,
Du weescht mer g'schwind 'n Rooth drvor
Un' bischperscht mer vertraut in's Ohr:
    „Als noch 'n Schoppe'!"

Die Lieb is gar e' korz Gedicht
Un' 's Lebe' is e' langi Gschicht',
Du helfscht zu allezwee getreu
Un' bischt deß Beschte oft drbei.
    Als noch 'n Schoppe'!

Wann ich e' Weltverbeßrer wär',
Mit dir verbunne' wär's nit schwer,
Zu Aller Wohl diktirt' ich dann,
Kund un' zu wisse Jedermann:
  „Als noch 'n Schoppe'!"

Conjugations-Zeite' for mei' Contemporain's.

Ke' Wölfche' beim Wache', ke' Wölfche' im Schlof,
Un' sorgelos luschtig als wie e' jung' Schof!
Was meent Ihr, wie heeß't mer die Zeite'?
Meine Herrn, es is werklich so viel als gewiß,
Daß deß for uns plusquamperfectum is,
Ich denk' mer, do werr' mer nit streite'.
Un' was is 's perfectum? ach, deß is die Lieb,
'S hot nix mer zu stehle' dr Amor, der Dieb;
Perfectum! der Deubl soll's hole'!
Un' wann's aach noch imperfectum wär',
Mir wisse', im Grund is es doch nix mehr,
Mir sin' um die Späßcher schun b'stohle'.
Jetz' kummt aber 's praesens, was kann deß sey',
Meine Herrn, deß is for uns Gottlob noch der Wei';
Drum trink halt e' Jeder sein' Stiebbl,
Un' loßt nor nit loß, dann wann deß vergeht,
Wie's nocher vielleicht mi'm futurum steht,
Do wann ich bra' denk', werd mer übbl!

———————

Schnaderhüpfle.

Mei' Guschtl is klee'
Un' is bös wie e' Katz,
Wann se größer erscht wär',
Ach! was wär' deß e' Schatz!

Zwee' Hahne', zwee Hinkl,
Zwee schneeweiße Gäns,
Un' grad' wie dei' Guschtl,
Sieh! so is mei' Fräns.

Un' mit mein'm Lotwische'
Do is aach ke Spaß,
Die sächt: „Wasch' de' Pelz,
„Aber mach' mer'n nit naß.“

Do lob' ich mei' Hannche',
Mei' Hannche' is gut,
Die thut, was se will,
Un' ich will, was se thut.

———————— -

Der Läschterer.

„Was sächt mer dann als: unser Herrgott sorgt
For die Mensche'kinner so gut!
Was gebt er uns dann, was habe mer dann?
'S is jo nit der 'werth, was er thut!"
So hot e' alter Bummler gered't
Im Werthshaus spät in der Nacht,
Un' über dem Brummle' dußlt er ei'
Un' hot e' Schläfche' gemacht.
Do sicht er e' herrliche Gegend im Traam,
'N Garte' mit Obscht un' Gemüs',
Mit Korn un' mit Vieh, mit Vöchl' un' Fisch',
Un' Traube' wie Zucker so süß.
Un' nebe' drbei en' erbärmliches Land,
So arm un' verloffe' un' leer,
Als wann seit undenkliche' Zeite' do
Ke' Gräsche gewachse' nit wär'. —
Was Deubl, wie is die Gegend so reich
Un' drnebe' so wischt un' so leer,
So ruft er voller Verwunnerung aus,
Un' do kummt e' Engl drher.
Un' der Engl sächt 'm: beß derre Land

War wie deß annnre so schö',
E' du bischt kumme do her uf die Welt
Mit deine worzliche Bee'.
Doch seit du gelebt, so hoscht de' bis heut'
Gefresse' sei ganzi Pracht
Mit Vieh un' Gewächs' un' gesoffe' d'rzu
Den Wein, den die Traube gemacht.
Jetz' merk' dir's, was unser Herrgott thut
For een, wie's tausende git,
Un' halt mer dei' Maul, du brummliche Seel,
Sunscht hot es e' End' d'rmit!
Do hat der Brummler 'n Schnapper getha'
Un' is for Schrecke' erwacht,
Un' hot über Gottes Güt' un' Verstand
Sei' Lebtach ke' Wörtche' mehr g'sacht.

———————

Die Tischklopper.

Beim Hölle'ferscht, beim alte Belzebu
(Er is juscht bei sein'm Schwewel-Kaffee g'hockt)
Do kloppt's un' kummt sei' Hauptdirektor 'rei
Un' is mit Kratzfüß' vor 'n hi'gebockt.

„Herr Belzebu, ich bitt' um Audienz,
Ich kann nit länger mehr Direktor sei',
Denn die Genie's, die bringe mich noch um,
Do schlagt nix a', un' fahr' ich noch so drei'.

„Ihr Stolz is unbeugsam, g'rad wie Granit,
Do nutzt ke' Siede' un' ke' Brate' nix,
Ich hab' mit ihne' Alles schun probirt
Un' hab' erschöpft mei' ganzi Quaale'bix."

„„Die Gränk!"" fahrt zornig uff Herr Belzebu,
„„Was muß ich höre'? un' wer sin dann die?""
„Wer sin se? no'! so Philosophe' halt,
„Der Voltaire, Hegl un' die Cumpanie.

„Es macht se gar nix merb, des heillos Volk,
„'S is g'rad, als wär's nix um e' Hölle'strof,
„Der alte Nero un' so Exemplar
„Sin Schoof dagege', zahme gute Schoof'.

„Wann deß so fortgeht, mache' mer bankrott,
„Die Höll' verliert noch all' ihr Renommee,
„D'rum soll e' Annrer thu', was ich nit kann,
„Herr Belzebu, 's is besser, daß ich geh'.“

„„Nor nit verdrosse'!“„ sächt der alte Fuchs,
„„Ich mach' jetz' noch Amerika e' Rees',
„„Do find' ich schun 'was, daß ich ihne kumm,
„„Deß wär' der Deubl, wann die Höll' nit hees'!“„

Als Gentlemen reest bruff der Potentat
Hi' nach Neu-York un' guckt sich halt do um,
Was 's Neu's git, dann bo kann er lerne' viel,
Deß weeß' er, war sei' Lebelang nit dumm.

Un' richtich! glei' im erschte Kaffeehaus
Do mache' se e' Tischexperiment,
Der Tisch, der dreht sich um e' Fingerspitz'
Un' Alles is verwunnert hi'gerennt.

„Den Tisch bewegt e' Geischt!“ hot eener g'sacht,
„E' Geischt! e' Geischt!“ geht's jetz' im G'ringl 'rum,
„Horch! habt ihr's g'hört, er kloppt, er hot gekloppt,
„Vielleicht verkünd't er e' Mischterium!“

Un' Jeder horcht, jeß' fangt e' Dandy a':
„Du Geischt do drinn, geb' Antwort, 's macht ke' Müh',
„Ich will nor, daß de mer mit Kloppe' sächscht,
„Wie viel Cigarre' sin in mein'm Etui?"

Der Tisch is 'rumgetorchelt wie zuvor
Un' mit Gequix halt hi' un' her geruckt,
Doch habe' ee' gekriesche': „Er hot's g'sacht,
Der Geischt hot's gsacht," un' Alles war verzuckt.

Herr Belzebu hot aber sich gedenkt:
O Narre'=Welt! do sicht mer recht, wie's geht,
Deß müßt doch sei' e' Bettelbube=Geischt,
Der sich um so 'n Dienscht nit schäme' thät'.

Un' wie er's denkt, so kummt's 'm wie e' Bliß,
„Jeß' hab' ich's, wart du Voltaire=Cumpanie,
„Mit dem will ich euch zwible', gilt's e' Wett',
„Ihr bitt' um Gnad' troß der Philosophie."

Un' dictum factum! packt er die Genie's
Un' hot se in die Tisch' eneigestoppt
Un' kummandirt se zu dem Klopperdienscht
Un' voller Aerger habe' se gekloppt:

Wie alt die Jenny un' die Elln is,
Wie lang der Kaschtor noch, der Renner, laaft,
Wie viel Pfund Sterling der un' jener hot,
Wie theuer mer' 's Guano noch verkaaft,

Um all' so Zeuch un' was halt eener g'frocht,
Sie habe kloppe' müsse Tag un' Nacht,
Un' 's ware' nit emol zwee' Woche' 'rum,
So hot se's zur Verzweiflung All' gebracht.

Dann jed'm Laff' zu buchstabire' 'was,
Deß war zu arg, un' die sunscht so getobt,
Sie habe' gern jetz' um Pardon gebitt'
Un' habe' guti Aufführung gelobt.

„Aha! Ihr Junge', seid Ihr endlich brav,"
Hot hoch Herr Belzebu getriumphirt,
Gel' mei' Direkterche', ich hab's gewißt,
„Ich find' noch, was sei' Rapplköpp' korirt."

„„O großer Flamme'-Sultan,"" hot der g'sacht,
„„Jetz' is mei' Stellung widder e' Plaisir,
„„Un' voll Respekt un' voll Bewunnerung
„„Mach ich mei' Compliment un' gratulir'."

Deß is die G'schicht', un' weil mer halt jetz' weeß',
Wer deß Geklopp hot uff die Welt gebracht,
So is ke' Wunner, wann's oft een' verschreckt
Un' selber kecke Leut' e' Grußle' macht.

'S Diner.

Es war e' groß' Esse', e' luschtig' Fescht
Un' wie so im beschte' Zug die Gäscht,
So hot eener g'sacht: „Sich! 's Lebe' sollt sei'
Als wie e' gut' Dinner, verklärt vum Wei'
Un' am luschtichschte als, wann's geht uffs End,
Wo Alles sich Freund un' Bruder nennt,
So wär's halt e' Luscht, aber 's is g'rab verkehrt,
Dann geht's uff die letscht', is's kenn' Penning mehr
                                              werth." —
Do sächt 'm e' Annrer: „„Heut' wär' so e' Tag,
„„Do könnt' dich beim Kaffee juscht treffe' der Schlag,
„„Un' wann's jetz' so wär', he? wär's nocher recht?""
„Halt! ne' Sapperment, was mer Dummheite' sächt,
„Ne, ne, lieber Freund, ich hab' ganz druff vergesse',
„Mir wolle' noch öfter minanner esse'!"

Die Ring'.

E' Mährche'.

Im Garte' am blüh'nde' Bäämche'
Do plaudre' bie Blätter im Wind,
E' Mutter gautscht e' klee Mädche',
Ihr allerliebschtes Kind.

Do kumme' zwee Vöchl gefloge',
Die finge' im Bäämche' 'rum,
Der eene war roth wie bie Rose',
Der ee' wie e' Lilieblum'.

Der weiße der singt bun Thräne',
Er singt gar traurig un' trüb,
Der rosige singt aber luschtich,
Der rosige singt bun der Lieb'.

Un' wie se e' Weilche' gesunge',
E' jedder wie Nebbl verschwind't,
Un' do hänge' zwee Ring' an be' Aeschtcher
Un' 's langt um 'n jede' beß Kind.

Der Ring bun dem weiße' war Silber
Un' der bun dem rothe' war Gold,
Die Mutter die hot nor den eene'
Bum luschtiche' Vochl gewollt.

Un' sie hängt 'n an n' Hals ihrm Mädche',
'S sollt luschtich gedeihe' drbei'
Un' deß Kind is aach luschtich gewachse'
Un is worre' so schö' wie der Mai.

Es hot nix gwißt vun de' Thräne'
Un' hot ke' Sorge' gekennt,
Aber aach, im sechzehte' Summer
Do war deß mit eemol e' End'.

Sie hot am e' stille Morge'
Im Garte' die Blume' betracht',
Un' do find't se deß silberne Ringche',
Deß hot se in Wehmuth gebracht.

Vun selbiger Stund war nimmer
Wie sunscht die Luscht so groß,
Der Himml vun ihrm Lebe'
War nimmer wolke'los.

Ja ja, die Vöchl, ich kenn se,
Die Vöchl regiere' die Welt,
Sie fliege' aach als mitenanner,
Als wärn se zammebestellt.

Un' findscht be deß goldene Ringche',
Is bal' aach deß anner' dabei,
Es is ke' Ros' ohne Dorne',
Ke' Lieb' vun Thräne' frei.

Der unglückliche Dichter.

„Daß ich so gern e' Dichter wär',
Un' neidich bin em e' jede',
Deß is bloß, weil se so per Du
Mit alle Mensche' rede'.
Nit g'rad, als wann's mit Kaiser ich
So wollt' un' mit de Könich,
Was froche' die nach unser eem,
Ach nee, ich wünsch' nor wenig.
E' Mädche' liecht mer als im Kopp
An die nor möcht' ich dichte'.
An die möcht' ich des liebe Du
In e' paar Verscher richte'." —
„„Deß kannscht be jo, red' nor so rum
Bun Rose'blum un' Heiligthum
Un' bun verliebt
Un' bun betrübt,
Do loß bei' Du nor tüchtig los,
Die Dichterkunscht is nit so groß.""
So hab' ich mitm e' Freund geredt,
Ach wär's doch nie geschehe',
Dann uf sein Noth, do fang ich an,

Die Verslcher zu drehe'.
Un' schreib' ihr uf e' Poschtpapier:
„Ich bin verliebt un' bin betrübt
Un' du, du all' mei' Heilichthum,
Du bischt's, du scheeni Rose'blum —"
Un' schick' des Zettlche' zu ihr.
Do schickt se mer e' Körbche' zu,
Jetz' sacht emol, was thu' ich,
E' Ros' war drinn un' do steht druff:
Jetz' sey'n Se aber ruhich! —
Der Deubl hol' die Dichterei,
Die Alles mir genumme',
Dann seit dem Vers do war's vorbei,
Bin nie zum D u mehr kumme'.

Vum e' Gaul.

Es sächt e' altes Sprichwort
Un' 's is gar ehrewerth,
'S hätt' uff' der Welt e' Jeder
Sei eige' Steckeperd.

'S hot aber aach e' Jeder
E' anner Perdche' noch
Un' will er's nimmer reite',
Peift er am letschte' Loch

Ich will's euch explicire',
Die Zeit, so heeßt der Gaul,
Un' der leib't gar kenn' Zichl
Un' Zaam im große' Maul.

Deß Thier is voller Raupe',
Dann sin mer klee' un' jung,
So will's nit bsunners springe',
Als fehlt's 'm an der Lung',

Doch wie mer älter werre',
Werd jünger als der Gaul,
Un' fangt hübsch an zu laafe'
Un' thut nimmer so faul.

Un' laaft un' springt als ärger
Am End' im Carrière,
Deß geht wie's Dunnerwetter,
Mer sicht un' hört nit mehr.

Do is ke' Red vum Halte',
Der Gaul der werd nit müd,
Bis mer be' Hals gebroche',
Deß is deß End vum Lied.

Rittmeschter un' Bereiter!
Die ihr so gut dressirt,
Do thut emol dressire', —
'S hot's kenner noch probirt.

Der Bankozettl un' der Dukat.

E' Bankozettl un' e' Dukat
Die fin beinanner geleche',
Un' weil fe Langweil g'hat alle zwee,
So habe' fe plaubre möche'.
Do ftichlt der Zettl „du goldner Knopp,
„Wie geht b'r's dann mi'm Tanze',
„Ich möcht' wohl wiffe, wie deß is
„Mit fo 'me fchwere Ranze'."
Do fächt der Dukat: „„Hab genuch getanzt
„„In Humborch beim Roulette',
„„Mer braucht nit zu fey' fo e' Flebberwifch
„„Wie du for Pirouette'.""
Do fächt der Zettl: „E' Flebberwifch,
„Deß brauch' ich nit zu leibe',
„Ich bin fo viel un' mehr wie du,
„Do derf' mer gar nit ftreite',
„Un' wann de e' bische' Bildung hofcht,
„Mufcht' die Refchkripte' kenne',
„Die mich un' mei' Kamrade' all'
„Noch Rang' un' Werth benenne'."
Do fächt der Dukat: „„Ich brauch' ke' Refchkript,

„„Bin doch in Werth un' Ehre',
„„Du bischt Papier un' bleibscht Papier,
„„Ich will mich nit mit d'r scheere'."""
Do hupt vor Zorn der Zettl uff
Un' kummt d'rbei in's Schwebe'
Un' fliegt uff be heese' Ofe' hi',
Der war zum Unglück b'rnebe'.
Jetz' hot er gegrische' un' 's hot nix genutzt,
Er thut gar g'schwind verkohle',
Der Dukat hot gelacht un' hot 'm g'sacht:
„„Loß bei' Reschkript doch hole',
„„Un' saach dem Ofe', wer de bischt,
„„Er soll dich respektire', —
„„Jetz' weescht's, de innerliche Werth
„„Kann ke' Reschkript diktire'."""

———

Der Name.

Wie woll' mer 's Mädche' heese'?
„Ei Rösche', deß wär' schö',"
Ja ja, e hübscher Name',
So lang se jung un' klee,
Doch werd des Rösche' älter,
Un' werd des Rösche' alt
So meen' ich, thut sich's nimmer,
Daß mer der Name' g'fallt.

„So heese' mer se Gretche',"
Geh' wech, warum nit gar,
Do wär' jo wege' dem Name'
Ihr Kopp in gröschter G'fahr,
Dann thät se emol lese'
Bum Fauscht die sauber' G'schicht',
So thät se aach so schwärme',
Wie selli im Gedicht.

„So nehm' de' Name' Binche',"
Was soll dann Binche' sey'?
„Ei Philippin' bun Philipp,
Der Name' der is fei'."

— Nee, will mer aach nit g'falle',
Ich hab' so een' gekennt,
Der hot mich oft beschummlt,
Mer hot 'n Philipp genennt.

„So heese' mer se Lische'!"
— Ja Lische', deß passirt,
Deß is e' hübscher Name',
Is aach nit affektirt,
Un' werd's e' alti Schachtl,
Ach, wie's halt g'schehe' muß,
So kann se Lisl heese',
Deß macht ihr kenn' Verdruß, —
Komm her, mei' liebes Lische',
Ei guck nor, wie se lacht,
Gel', Schätzche, gel', der Vater
Der hot's schun recht gemacht!

Der Mensch.

Der Mensch is wie e' Humpe' Wei',
Betracht's emol so recht,
Der Humpe' is oft schö' un' gut,
Was drinn is aber schlecht;
Der Humpe' is oft reich gekränzt,
Doch brinn im Wei' ke' Blum'
Un' Alles, was emm' g'falle' thät,
Nor ausewendig 'rum.

'S is aber aach oft umgekehrt,
Der Humpe' sicht nix gleich,
Drinn aber blinkt's wie flüssig' Gold
An Herrlichkeite' reich,
Oft fehlt's an Form un' an Façon
Un' meenscht, 's wär' gar nix bra',
Drinn aber is for Lieb' un' Luscht
E' Himml uffgetha'.

Un' doch is deß Exempl nix,
Dann Een's is ganz gewiß,
Daß mehr e' großer Humpe' faßt,
Als wann's e' kleener is,

'S git aber Leut' wie die Kameel',
Sie könnte' nit größer sey',
Un' trichterscht dra' aach wie de willscht,
Du bringst halt doch nix 'nei'.

Un' wiebber manche Ann're git's,
Die gar ke' Riese' sin'
Un' sprubble' doch vun Scherz un' Witz,
Als wär' e' Faß voll drinn,
Sich! so ee', wann ich zaubre' könnt',
Deß müßte' mei' Humpe' sey',
Wie viele Liebcher thät' ich do
Mir hole' aus ihr'm Wei'.

Der alte Herr.

E're Kindsmagd begegnt e' alter Herr,
Gott's Blitz, die Magd is schee',
Sie hot e' kleenes Kind uf'm Arm,
Der alte Herr bleibt steh'.

„Ei was e' schee' Kindche," sächt er zu ihr,
„Wie frisch die Aagelinn sin',
Un' die Bäckcher grad' wie die Rose' so roth
Un' niebliche Grübcher drinn.

„Du bischt gewiß brav, du goldich Ding,
Mer kann jo nit artiger seh',
Ich gäb' viel Geld drum, hätt' ich dich
Un' wärscht du Engelche' mei."

Un' wie er so red't, so hat er nor als,
Nit 's Kind, sondern 's Mädche' betracht't,
Die hot sich d'rbei ihr'n Theel gedenkt
Un' hot ganz heemlich gelacht.

„„Ei,"" fächt fe zum Kind, „„fach': Lieber Herr,
Wann Sie e' fo freundlich fin',
So kaafe' Se mer ach e' neui Haub',
Damit ich noch hübfcher bin.""

Do krablt der Alte gar gfchwind im Sack
Un' holt e' paar Thaler 'raus,
Un' gebt fe der Magd voller Zärtlichkeit,
Als wär's e' Blume'ftrauß.

Die nemmt fe un' fächt zu dem Kleene: „„So!
Jetz', geb' aach e' Händche' dem Herrn,
Dann jetziger Zeit is's e' Selte'heit,
Hot eener die Kinner fo gern.""

Do fahrt 'm deß Kind mit der Hand in's Gficht,
Un' fie fächt: „„'fell' mich gar fchee'!""
Un' geht wieder fort un' der Alte guckt
Un' guckt un' bleibt als noch fteh'.

Do hat er zwee Sache' gefehe' noch,
'S Kind hot 'm mi'm Aermche' gewinkt,
Un' drei junge Soldate', die habe' die Magd
Mit Kichre' un' Scherze' umringt. —

Ich weeß nit, deß ee' wie deß anner' war
Jufcht nit fei' bfunnerer Spaß,
Dann er hot nit gewinkt dem freundliche' Kind
Un' gebrummelt hot er fo 'was.

Es is kurios.

Es is kurios, daß e’ alti Tracht
E’ hübsch’ jung’ Mädche noch jünger macht,
Deckt aber e’ Häubche’ ’n alte’ Kopp,
So sicht er alls um so älter aus,
Als jünger am Häubche’ der Blume’strauß!
Es is kurios, daß mer Philosophie
Nor lernt mit Ploch’ un’ vieler Müh,
Un’ daß mer se doch so leicht vergeßt,
Un’ deß Liebe’ sich! vergeßt mer so schwer
Un’ lernt’s doch so leicht, wo kummt dann deß her?
Es is kurios!

Ich bin e’ Freund vun Mädcher un’ Wei’,
Hab’ doch de’ Wei’ oft vergesse’,
Sich! wann ich bei mein’m liebe Schatz
Vertraulich bin gesesse’;
Es is mer aber nie passirt,
Wann ich luschtich gewest beim Wei’,
Daß ich mei’ Mädche’ vergesse’ hätt’;
Deß fiel mer allzeit ei’.

Welli kriecht de' Mann?

Es hot e' Vater drei Töchter g'hat,
Alle drei zum Heirate' recht,
Un' hot ihne' aach balb a'gemerkt,
Daß jebi e' Fraa' werre' möcht'.
Jetz' hot's aber an der Aussteuer g'fehlt;
For eeni hätt' sich's getha',
For drei aber nit, do happerts mi'm Geld,
Was fangt der Vater do a'?
Er ruft emol zamme bie Mädcher, bie brei
Un' sächt': „Ihr Kinner, gebt Acht,
Do steht e' Schüssl mit Wasser voll,
Do werd e' Lotterie gemacht.
Wäscht euch brinn bie Händ, un' habt ihr's getha',
So trücklt se nit mi'm e' Tuch,
Un' ber se b'ererscht e so trucke wern,
Die kriecht for bie Heirat genuch,
Die Annere müsse halt waarte' noch,
Seht Mädcher, ich thu', was ich kann.
Do fange' bie Mädcher zu wäsche' a'
Un' jebi benkt an 'n Mann.
Un' wie se bie Händ' gewäsche g'hat,

So hot die Jüngſcht' luſchtich gelacht
Un' gekichert: „Ich maach nit, ich maach kenn' Mann,“
Un' hot deß als wiebber gſacht,
Hot aber derbei gar gſchwind in der Luft
Die Händcher piffig gedreht,
Die Annere habe bo bra' nit gedenkt,
Daß 's Trückle' ſo gſchwinder geht.
Un' richtich die Jüngſcht' is worre' die erſcht'
Un' hot ihr'n Mann drfor 'friecht, —
Wann's wiebber emol ſo e' Spielche gäb',
Ihr Mädcher, ſo merkt euch die G'ſchicht'.

Mei' Mädche'.

Mei' Mädche' hot e' Gsichtche'
Als wie e' Rose'blatt
Un' hot e' Haut wie Sammet,
Wie kenni in der Stadt.

Mei' Mädche' hot e' Herzche',
Es könnt' nit lieber sey',
Un' wann ich brav bin, sächt se,
Schreibt se mein' Name' 'nei'.

Mei' Mädche' hot e' Paar Händcher,
Die ich ke'mm annre gunn',
Sie hot mer aach versproche',
Sie gebt mer een's d'rvun.

Mei' Mädche' hot e' Paar Füßcher,
Wie tanzt se do d'rmit,
Es derfe' hunnert tanze',
So tanze' se doch nit.

Mei' Mädche' deß hot Alles,
Was herrlich uff der Welt,
Nor Een's, du lieber Himml,
Sie hot kenn' Kreuzer Geld!

Drum soll ich se nit kriege',
Weil se kenn' Kreuzer hot,
Ach drüber werr' ich sterbe',
Tröscht' mich der liebe Gott!

E' Froch' (Frage).

E' Jäger hot Schnaps getrunke',
Do drüber schloft er' ei',
Do macht sich fort sei' Hündche'
Un' laaft in de' Wald 'enei'.
Un' jagt als wie besesse'
En' Hersch uf e' Chaussee,
Do kummt e' Wage' gfahre',
Die Gäul' werrn scheu, o weh!
Sie schmeiße' um den Wage'
Juscht am e' große' Stee',
E' reicher Herr, der drinn war,
Der brecht sich Hals un' Bee'.
Der Kutscher, e' armer Teufl,
Der schlagt e' Loch in die Erd',
Un' fallt bo in en' Keller,
Der Fall war ebbes werth,
Dann ihm is nix geschehe',
Als daß er find't 'n Schatz,
Der war wie lang vergrabe'
Juscht an demselle' Platz. —

Hätt' jetz' der Jäger nit Schnaps getrunke',
So hätt' er aach nit so schlofe' müsse',
So wär' 'm der Hund nit derbu geloffe',
So wär' aach der Hersch im Wald gebliebe',
So hätt'n die Gäul nit verschrecke' könne',
So hätt' der Wage' nit umgeschmisse',
So hätt' ke' Reicher de' Hals gebroche',
So wär' ke' Armer nit reich geworde'. —
Bedenkt mer jetz' e' solchi Gschicht',
Wie's noch gar viele git,
So weeß mer kaam, was besser is,
Schnaps trinke' oder nit.

Der Verliebte.

Was kümmert mich des Mohre'land,
Mit all' sein'm viele Gold,
Mit alle' seine Edelstee,
'S hätt' doch nit, was ich wollt'.

Was kümmert mich deß weite Meer,
Un' all' sei' Perle' drinn,
'S is Alles nix, mei' Mädche' wär'
Mei' Perle'königin.

Was kümmr' ich mich um Geld un' Gut,
Ach, wann ich die nit seh',
Wann ich vor lauter Sehnsucht noch,
Vor lauter Lieb' vergeh'.

De' ganze liebe lange Tag
Trag' ich ihr Bild mit mir,
Un' kummt die Nacht un' schlof' ich ei',
So traam' ich nor vun ihr.

Sie weeß gar nit, wie lieb se is,
Un' ich, der's so gut weeß,
Ich derf ihr's sage' nit emol,
Sunscht werd der Vater bös',

Sunscht fangt die Mutter 's Brumme' a',
Ach Gott, die liebe Leut,
Warum se.do so fritlich sin',
Un' sunscht so gut un' g'scheit.

Sie sage' als, du bischt noch nix,
Verdien' dir emol was,
Mer heirat't nit, als wie du meenscht,
Keen' Heller in der Kass'.

Ja, ja, 's kann sey', sie habe' recht,
Mer lebt nit umesunscht,
Un' deß Verdiene' geht so zäh',
Deß is e' harti Kunscht.

— Ja, ja, 's wär' doch so übl nit,
Hätt' ich deß Mohre'land
Mit all' sein'm Gold, do ging's mer wohl
Als anners dun der Hand.

Ja, meiner Seel', hätt' ich deß Meer
Un' all' die Perle' drinn,
Do wär' ich wohl um so viel mehr,
Als ich jetz' gar nix bin.

Ja, hätt' ich nor brav Geld un' Gut,
Dernocher wär's gewiß,
Ich derft's ihr sage', wie ich's weeß,
Wie lieb un' gut se is.

O Gott verzeih' mer's, wann ich oft
So übermüthich thu',
Un' wann ich Geld un' Gut veracht'
Un' Land' un' Meer drzu.

Ich will's mei' Lebtach nimmer thu',
O helf e' bische' mit,
Daß ich mei' Schätzche' liebe' derf,
O Gott, verdenk mer's nit.

Die Auswanderer.

Es sitze' zwee vergrämte Gsichter
Beinanner beim e' Schoppe' Wein,
'S sin' junge Leut', die sin' sunscht luschtich,
'S muß denne' halt was g'schehe' seyn;
Do sächt der ee', for was sich plooche'
In so 'me Land? es gschicht uns recht,
Was geh' mer nit, es git noch Länder,
Die sin', weeß Gott, nit gar so schlecht.
Amerika! dort is e' Lebe',
Do hunzt mer sich nit so wie hier,
Dort is der allerschlechtschte Pflanzer
Als wie bei uns e' Kavalier;
Natürlich, denk' der nor den Reichthum,
Der Wein un' 's Korn die wachse wild,
Bun Froscht un' Winter ke' Gedanke',
Der Himmel is jo gar zu mild,
Dort pample' emm die Goldorange'
In's Maul, do knickert sich's nit drum
Un' Tubak wachst, wie bei uns Dischtle,
Un' frei geht dort e' jeder 'rum
Un' jagt un' treibt's noch sein'm Gefalle'

Un' heirat't wie er will un' mag,
Do ploocht emm ke' Regierungswese'
Un' Vorschrift, wie hier alle Tag.
Un' hot mehr Glück, nor for 'n Kreuzer,
So find't mer aach 'n Klumpe Gold,
Un' kann sei' Lebelang dra' zehre',
Dann 's git genug, wer's suche' wollt'.
Horch, geh' mer hi, was Palz un' Pälzer!
Do is for Eenigkeit ke' Sinn,
Die Landsleu't ließe' emm verhungre',
Deß is e' anner Korn dort drinn!
Stoß a', Kammrab, wir wolle' reese
Fideel un' luschtich über's Meer,
Un' habe' mer de' rechte' Seckl
Un' 's gfallt uns, kumm' mehr wibber her —
— — Die Gränk! do guck emol deß Gsindl,
Deß müsse' jo Zigeuner sey',
Schlawake' ober Sansculotte',
Wie kummt deß Lumpevolk do rei',
Wo seyb ihr her, ihr Bettlgsichter,
Drei Schritt vum Leib', nor nit so nah —
— „Wir sin' vum Rhein, sin' ausgewannert
Un' kumme' vun Amerika."

Wie e' Volk fei' foll.

E' Volk foll fei', wie die Kinner fin',
Wo e' guti Werthfchaft im Haus,
Sie halte' zamme' wie Aefcht am Stamm,
Un' helfe' fich reblich aus,
Un' git's 'n Verbruß, wie's halt fo geht,
Un' en' Unfrieb' in der Famill',
Sie helfe' verföhnlich, bis es vorbei
Un' fchweige' drzu un' fin' ftill,
Un' was een's felber nit billige' kann,
So is es 'm doch nit recht
Wann e' frember fpitzicher Nafeweis
Aach drüber falbadre' möcht'.
Es git fchun Völker, die e' fo fin',
Un' achte' ihr eige' Gethu'
Un' fchreie ihr Fehler nit überall 'rum
Un' decke' die Schwachheite zu,
'S git aber aach annre, doch nenn' ich fe nit
Sunfcht käm's am End druff 'raus,
Daß eener thät' fage', was prebichfcht dann du?
Du plauderfcht jo felber aus.

———

'S Trauergedicht.

Es hockt e' verdrießlicher Dichter am Tisch
Un' zahlt wie in der Noth e' Fisch,
Er soll 'was dichte' un' fallt 'm nix ei',
E' rührndes Trauergedicht soll's sey'.
Der Graf is gstorbe', e' reicher Mann,
Der emm im Tod noch helfe' kann,
Vun dem soll er dichte', es is ke' Spaß,
Wann's recht werd, tragt's 'm vielleicht 'was.
Der Herr war brav un' lieb un' gut,
Der Dichter reimt d'ruf Glut un' Blut
Un' Muth un' ruht un' Todeswuth
Un' wie deß Unglück so weh 'm thut.
Un' wie er lang do dra' gemacht
Un' mühvoll Alles zamme'gebracht,
Do hot er heemlich bei sich gelacht,
Dann sei' Gedicht, es war e' Pracht.
Un' d'rüber kummt e' alti Vas',
Steckt 'rei' zu der Thür ihr langi Nas',
Un' sächt: „Gute' Morge', Herr Hofpoet,
„Weeß Er dann, wie's mit 'm Grafe' steht?"
„„Ei, der is todt!"" „Ach Gott bewahr',
„Er is lebendig un' aus der G'fahr,"

„„Was Se do sächt! nee, 's kann nit sey'!"''
„Ei ja, gewiß, e' Gläsche' Wei'
„Hot 'm der Doktor ordenirt
„Un' deß hot 'n gar gschwind korirt."
„„Daß dich die Gränk, was alles doch g'schicht,
„„Do is der' werth, daß eener noch dicht',
„„Daß mer sich plogt 'mit manchi Stund
„„Un' so e' Todter werd wiedder g'sund.
„„Ei die schwer Noth, mei' schön's Gedicht,
„„'S war so herrlich Alles gericht'
„„Un' wär' doch wahrhaftig in eem hi'gange',
„„Un' jetz' kann ich vun vorne a'fange',
„„Mir schenkt ke' Mensch e' Gläsche' ei',
„„Hol' doch der Deubl dem Doktor sein' Wei'! —''

So sin' se, un' viel hunnert Gsichter
Sin' ke' Hoor besser als seller Dichter.

Die intereffant' Gschicht'.

Wie ich noch in Humborch war,
'S werd drei Jahr jetz' seh', —
Nee es sin' schun' über sechs,
Ehe' fallt's mer ei',
'S hot der Gabler noch gelebt,
Der Feldwebl, weescht,
Der war in der Cumpanie
Sellemol der gröscht',
'S braune Lißche war sei' Schatz,
Die war emol schee',
'Meen', ich seh' se alsfort noch
Mit dem Lange' geh',
Sin' die Bube' aach schun groß,
Eener der is hier,
Is e' guter Waldhornischt,
Bloost als wie e' Stier.
„No un wie b' in Humborch warscht?"
Ja! wie ich in Humborch war, —
'S is bun uns derheem
Kaam drei Stund, des heeßt mer geht's
In drei Stund bequeem,

Wann mer über Erbach geht,
Dann bun obe' 'rum
Is's viel weiter, weil die Stroß'
So gewaltig krumm, —
Ja, wie ich in Humborch war,
Hot's e'mol gebrennt,
Beim e' sichre, — ei die Gränk,
Hot mer'n doch genennt, —
Beim e' sichre Russilliard,
Oder Millerbeer,
Nee, es war beim Russilliard,
War bun Straßborch her.
Wie der Brand entstanne' is,
Weeß mer heut noch nit,
'S war als wie e' Hexe'werk
Juschtement d'rmit,
'S habe' wohl die eene' gsacht,
'S wär' e' Buberei,
'S wär' geleecht, un 's kann aach sey',
'S war so was derbei;
No, bo sin zwee Häuser halt
Worzwech abgebrennt,
'S war juscht mitte' in der Nacht;
Alles ist gerennt
Un' ganz Humborch hot gelöscht,
'S Lösche' war e' Kunscht,
Wege 'm Wind, bo is's ke' Spaß
Um e' Feuersbrunscht.
Jo, beß war juscht sellemol

Bei dem Russilliard, —
Wie ich noch als Aspirant
In dem Humborch war. — —
Ja, mei' lieber Freund, so geht's.

Der Stimmschlüßl.

Bei einem Diner bei H. M.

Der Mensch, ihr Kinner, kummt mer vor
Nit anners wie e' Zither
Die Phantasie die spielt do druf
In ihr'm goldne Flitter.
Sie spielt in Moll, sie spielt in Dur,
Sie spielt in alle Arte',
Wie Blume' hell und dunkl blüh'n
Beinanner im e' Garte'.
Doch wer die Zither stimme' will,
Der muß gar viel stubire'
Un' 's kummt viel uf de' Schlüssl a',
Sunscht werd ke' Lied floriere'.
Ich hab' mich lang schun dra' gemacht,
Un' spiel' aach so mitunner
Un' kenn's jetz' bal' des Instrument
Un' aach des Schlüßlwunner.
Der Schlüssl, sich! is e' Bouteill',
Des hot sei' bsunnre Sache,
Dann 's Erscht' is do', die Saite' all'
Gehörig feucht zu mache.

Drum is aach die Bouteill' nit leer,
Sie werd's erscht noch 'm Stimme',
Ja, Wei' is drinn, e' guter Wei',
Sunscht kriecht die Zither 's Grimme'.
Doch wann d' se stimmscht mit gut'm Wei',
So geht se hoch zum Staune
Un' singt gar luschtich un' gar fei'
In rose'farbne Laune. —
'S is noch e' Mann do an dem Tisch,
E' großer Musikmeeschter,
Der kennt den Schlüssl aach gar gut,
Den liebe' Sorge'tröschter,
Un' hot uns all' gelade' heut'
E' groß's Konzert zu spiele',
Un' gebt sein' beschte Schlüssl her,
Er will 'was Gut's erziele'.
Drum stimmt un' spielt als luschtich fort
Un' loßt die Saite singe,
Un', der so gern den Schlüssl gebt,
Dem thut e' Vivat bringe'.

'S Herz.

Mädche', loß dir 'was verzähle',
Geb' mer uff bei' Herzche' Acht.
Is es aach gut eingemacht,
'S wär' halt doch vielleicht zu stehle',
Un' beß weescht de selber gut,
'S Herz is mehr als e' Vermöge'
Un' gar viel is d'ran gelege',
Wann mer beß verliere' thut'.

Ganz was anners, liebes Schätzche',
Is es aber, wann mit Art
Dir e' Freund beß Herz verwahrt
Am e' gute' sichre' Plätzche'.
Do is nix d'rbei rischquirt,
Drum, so geb mir's ufzuhebe',
Will jo gern mei ganzes Lebe'
Sorge', daß 'm nix passirt.

Die Drei.

Die Pälzer sin' gar gscheite Leut',
Deß streit' ke' Mensch nit a',
'S git aber ee', do hängt sich alls
E' bische' Schwindel dra'.
So zum Exempl is e' Gschicht',
'S war im e' Städtche' dort,
Deß war vun de' Franzose b'setzt
Un' bie sin' halt nit fort;
Jetz' habe die Leut' Krawall gemacht
Un' getobt ganz ferchterlich,
Do flucht am End' der Gouverneur:
„Die solle' denke' an mich!"
Un' schwört: „Ma foi, bie gscheitschte Drei
Die solle' baumle' drfor,"
Un' kummebirt: „die sucht mer 'raus
Un' packt se fescht am Ohr."
Jetz' wie mer ghört hot vun dem Spruch,
So hot noch selli Nacht,
Was drin war, Alles still un' gschwind
Sich uff die Flucht gemacht,
Dann jeder hot im Ernscht gemeent,
Er käm' schlecht weck drbei
Un' jeder hot sich zitternd g'sacht:
„Du bischt vun denne' Drei."

Die Christnacht.

Im Kölner Dum geht e' alti Sag',
In der Chrischtnacht werd's uf eemol Tag',
Un' werre' die Fenschter hell beleucht't
Un' e' seltsamer Schein zum Himmel steigt,
Un' do glanzt in der Kerch der Wunnerstern,
Der die heilige drei König hot g'führt zum Herrn.
Un' wann deß gschicht, so geh'n um de' Dum
Die heilige' drei König feierlich 'rum,
Un' mache' e' unsichtbari Rund
Un' thue' de' Mensche Ermahnunge' kund.
Un' der Kaspar beginnt: Ihr, arm un' reich,
Der Herr will Friede' un' Ruh' unner euch,
Un' der hot nit de' christliche' Sinn,
Dem der Unfriede' haust im Herze' drin.
Un' d'ruf der Melchior aach fangt a'
Un' sächt: Der Herr hot' euch Gut's getha',
Damit ihr deß Gute liebt un' ehrt,
Un' daß ihr euch nit zum Böse kehrt.
Un' nocher vornehmlich der Balthasar sächt:
Der nor for sich de' Himml möcht'
Un' nie denkt an deß Nächste' Gschick,
For sich nor sorgt un' for sei Glück,

Der hot nit gelernt, de' Herrn versteh'
Un' werd de' rechte' Weg nit geh'. —
So sage' die König un' rufe's in's Herz,
Wann sich's will hebe' himmlwärts.
Un Mancher hot's g'hört in seller Nacht,
Un' Manch'n hot's zum Beßre' gebracht.

For die Langweil'.

Wer kann oft höre' uff der Welt,
Wie bittri Klaach die Mensche' führe',
Die Langweil' thät halt ferchterlich
Do uff dem Erdeklotz regiere'.
'S is wohr, doch git's jo allerhand,
Deß böse Uebl zu verjage',
Un' fallt euch juscht nix Bessers ei',
So will ich euch e' Spielche sage'.
Es is ganz hübsch, wann wie e' Fisch
E' Mensch schnappt noch 'me Angelköder,
Un' wann er sich do bra' verbeißt,
Un' beiße thut amol e' jeder.
For so e' Spiel, do muscht de nor
Was ihr Begierde gern verlange',
Als Köder an die Angl thu',
Un' werscht se noch dein'm Wille' fange.
Der Köder heeßt Gelegnheit,
Die Pfiffigkeit zu produzire',
Un' wittern se bun weitm die,
So hoscht se, eh' se nor was spüre'.
En' Jäger kannscht de stunbelang
An deiner Schnur so zable' losse',

Verzähl' 'm nor e' eenzich Stück,
Wie pfiffig du 'n Fuchs geschosse',
Un' wär' die Gschicht aach noch so korz,
Er kann ihr End' doch kaam erwarte',
So schnappt er schun un' sprubblt los
Mit dem, was ihm geblüht im Gaarte'.
En' Eisefresser derfscht de nor
E' bische' duppe' mit 're Gabl,
So meent er glei', e' Dege' wär's
Un' kummt' mit sei'm Duellgebabl.
Un' gar e' junger Abvokat,
Dem geb' vum e' Prozeß 'n Brocke,
So lärmt er fort wie e' Kaskad',
Un' thätscht zwee Stunde' vor 'm hocke'.
Un' kannscht erscht eem 'n alte Witz
Hübsch deutlich an die Nas' placire',
So packt er 'n, wie e' Hund 'n Käs
Un' werd dich höchlich amesire';
Do werd' der brummichschte vergnügt,
Derfscht nor e' bische' Beifall lache,
Un' kannscht uff so e' leichti Art
Oft een' wahrhaftig glücklich mache.
Un' weil deß Spielche' gar ke' Kunscht
Un' doch Vergnüge' thut gewähre',
So is's nit recht, sich uff der Welt
So über Langweil' zu beschwere'.

Der Jäger.

„Nix als Jage' un' nix als Jagd,"
Hot die Fraa' gezankt,
„Hab' dann ich 'n Jäger gewollt,
„Ne' do hätt' ich gedankt.

„Nor wo e' Has' un' e' Hinkl sitzt,
„Deß bekümmert dich,
„Un' der dumme Hektor gilt
„Mehr als die Kinner un' ich."

„„Nor nit so bös', mei' lieber Schatz,""
Fangt jetz' der Jäger a'.
„„Was es um's Wiebbersehe' is,
„„Gel' do denkscht du nit dra'.

„„Git's 'was Schöners uff der Welt,
„„Als de' Genuß, mei' Kind,
„„Wann emm' 's Schicksal hot getrennt
„„Un' wann mer sich wiebber find't?

„„Sich! do lernt mer's kenne' erscht',
„„Was mer enanner werth,
„„Wie mer sich liebe' thut un' wie gern
„„Een's zum Annre begehrt.

„„Wann aber ich jetz' waarte' wollt',
„„Bis so e' Schicksal käm',
„„Deß mich ewech kummandire' thät,
„„Wär' ich jo alls drheem!

„„Wär's mit 'm Wiebbersehe' nix,
„„Nex mit dem ganze' Genuß,
„„Sich, d'rum bleibt mer ke' anneri Wahl,
„„Als daß ich jage' muß."" —

An die Rhein-Traube'.

Grüß' euch Gott, ihr liebe·Traube',
Grüß' euch Gott viel tausendmol,
'Hab' euch gar so lang' nit gsehe';
O wie is mer wiebber wohl!

Muschkateller un' Traminer
Un' ihr Rißling fei' un' zart,
All' so duftich, all' so luschtich,
Seyd noch all' so, wie ihr wart!

'Hab' derweil viel Traube' g'sehe'
In dem heese' Griecheland,
In Corfu un' in Italie',
Ja do wachst aach allerhand.

Große, scheene, gute Traube',
Zuckersüß un' schwer un' reich,
Doch deß liebschte dra' des war mer,
Daß ich hab' gedenkt an euch!

Gel', ihr froocht, was dann die Fremde'
Koche' for 'n Moscht un' Wei',
Ob mer aach, wie bei dem eure'
Kann so froh un' luschtich sey'?

Kinner nee, do müßt' ich lüge',
Nee do sin se weit drun,
Wie aach herrlich dort der Himml,
'S helft 'n doch ke' deutschi Sunn!

'S is e' Wei' so zum Versuche',
Wißt 'hr: so als wie Liqueur,
Loßt sich nit in Humpe' trinke',
Daß drun zu rede' wär',

Daß mer 'nei' guckt mit Vergnüche',
Drinn sich sucht e' schönri Welt,
Daß mer drüber kann vergesse',
Wie die Stunde' knapp gezählt,

Daß mer jung werd' wie e' Jüngling,
Wär's aach lang schun nimmer wohr,
Ohne Sorg' un' unbekümmert
Um die viele dumme Johr.

Kinner, 'will euch gar nit schmeichle',
'Hab's mei' Lebtach nit getha',
Aber do seyd ihr die erschte',
Seyd de' annre' all' vora'.

Un' als guter Freund so roth' ich,
Geh mer kenn's dun euch do nei',
Kocht nor fort im schöne' Gaarte',
Den ihr habt am deutsche' Rhei'!

Der Heiratsantrag.

Mädche', o trau' nit be' junge' Herrn,
'S sächt wohl e' jeder, er hätt' dich gern,
Aber sie lüge' wie gedruckt,
Bis se dir 's Herz un' de' Kopp verruckt.
    „'S werd so gefährlich nit sey'."

Wann ich dir's sag', die junge' Leut'
Sin' nimmer so, wie zu meiner Zeit,
Wann se genung ihr Couranze' gemacht,
Werd hinne'noch nor d'rüber gelacht.
    „'S git doch noch annere aach."

Sich! so e' Mann, der was kann un' was is,
Deß is e' Mann, do weescht doch gewiß,
Daß er 'n Ernscht hot, un' sorgt for dich,
Mädele, sich! so e' Mann wär' ich!
    „Ei ja gewiß, Sie sin' brav."

No', un' was is dann nocher nit recht,
Weescht lang, daß ich dich heirate' möcht',
Geb' mer dei' Händche', sey gut, mei' Kind,
Nor nit so bsinne', als luschtich, gschwind!
    „Muß d'rüber schlofe' zuvor."

Ich hab' e' Haus, 'n Gaarte' drbei,
Is schee' gelege', un' hübsch un' neu,
Hab' e' Vermöge', deß manchi möcht',
Aber juscht du, du wärscht mer recht.
„Wisse' Se, wieviel Uhr 's is?"

Mädl?! du bischt e' verzogeni Popp,
Hoscht 'n eige'sinnige' Kopp,
Wärscht mer wohl anners, bei meiner Ehr',
Dunner, wann ich dei' Vater wär'!
„Do hätt' ich Ihne' recht lieb!"

So laaft se fort, Gott's Blitz, deß Gsicht!
Ja, so e' Heirat, deß is e' Gschicht!

Vum Frühjohr.

Wie hab' ich se so gern die Zeit,
Wann 's Frühjohr wiedder kummt,
Wann Alles grünt in Herrlichkeit
Un' Alles singt un' summt,
Es blüh'n die Glöckcher uff 'm Feld,
Die Primlcher drbei,
Un' Blume bringt der ganze' Welt
Der luschtich schöne Mai.

Ich weß nit wo ich deß so lern',
Denk ich an's Liebche' fei',
Im Frühjohr hab' ich's doppelt gern,
Als wie im Herbscht de' Wei',
Un' denk' ich an die Hochzeit, ach,
So bild' ich mer's halt ei'
Un' traam's im Schlof un' wann ich wach',
Im Frühjohr muß se sey'.

Nor eens is schad', un' 's gschicht halt nit, —
Ich wollt', wann 's Frühjohr käm',
Brächt's aach e' Stückche Jugend mit
De' Mensche' wie de' Beem'.

Uns aber wehrt's gar knickerich,
Was jedi Planz genießt,
Deß is des eenziche, was mich
Im Frühjohr als verdrießt.

'S Bilderbuch.

Mei' Schätzche' hot 'n Almanach
Bun ihrer Mutter 'kriecht,
Do' guck' mer alls minnaner 'nei',
Daß jedes besser sicht.

Do is e' Haus, deß g'hört for uns,
Deß richt' mer uns hübsch ei',
Un' plaudre', wie mer halt do drinn
Recht luschtich wolle' sey.

Do is e' Gaul, der is for mich,
E' Rosestock for sie,
E' Wicklkind, deß gehört uns aach,
Des heese' mer Marie.

Wohl sächt mer, zwee die sehe' mehr
Als een's, deß kann schun sey',
Doch allemol is 's nit e so,
Deß fallt mer gar oft ei',

Dann grable' an de' Backe' mir
Die Löckcher vun dem Kind,
So werd mer wunnerlich un' is,
Als wär' ich halber blind.

Do seh' ich nix, un' deut't se mer
Mi'm Finger freundlich d'ruf,
So tapp' ich niemols noch 'm Bild,
Als uf den Finger 'nuf.

Un' hab' ich se hübsch bei der Hand,
Wie guckt se mich do a',
Deß is e' Bild, bei meiner Seel,
Do hängt mei' Lebe' dra'.

Sogar der große Raphael,
So hätt' er kenn's gemolt
Un' hätt' er sich die Engl all'
Vum Himml runner g'holt.

Die zwee Gelehrtthuer.

„Ich weeß nit, warum sich die Leut' so beklaache',
Die Welt hätt' gar so viel' Uebl zu traache',
Un' e' Uebl deß is doch e' Poschtulat,
Dann wann mer sich nit uf de' Raum beschränkt
Un' e' bische' an de' Zusamme'hang denkt,
So sin' jo die Daata ganz deutlich do?!"
    „„Wie so?""

„Ei daß sich die Wese' nit all' durchbringe',
Deß muß doch 'n Gege'satz bedinge'
Un' deß is jo wiebber e' Poschtulat,
Dann wann jetz' ke' Plus un' ke' Minus mer wär',
Wo käme dann Polaritäte' her,
Un' wo dann noch 'was Absolutes, wo?"
    „„Ah so!""

———————

Jugend-Erinnerung.

Was ware' mer so scheene Mäbcher,
Wie mer noch ware' hübsch' un' jung,
Die Jugend hot halt was bum Himml,
Sogar in der Erinnerung.

Erinnerscht bich noch selle Hütcher
Bun Roth un' Grün mit geele Band,
Mit benne himmelblaue Franse',
Ach Gott, was ware' die scharmant!

Un' wie uns nocher die Franzose'
Die lange' Colliers mitgebracht,
Ich glaab', sie ware' bun Koralle',
Was ware' die so schee' gemacht.

Un' weescht be noch beim Zuckerbäcker
Die Herze' mit dem rothe' Eis,
Do habe' mer gar oft eens gstohle',
Un' 's habe's als gethan die Mäus'.

Un' weeſcht de noch die groß' Beleuchtung,
Den Weltſpetakl in der Stadt,
Du hoſcht getrage' e' Salöppche'
Un' ich e' ſammteni Cravatt'.

Un' weeſcht de noch mei' ſcheckich Hundl
Un' unſer marmorirti Katz,
Die habe' als minnaner g'freſſe'
Un' ſie war ſei' erklärter Schatz.

Ja ja, die Jugend is halt herrlich
Mit all'm Scheene' reich beſchenkt,
Un' is mer aach e' alti Schachtl,
Sie freut emm, wann mer nor dra' denkt.

Der Zopp.

Der Zopp g'hört nit in unser' Zeit,
Fort sag' ich mit 'm Zopp,
Un' 's helft ke' annri Correktion
Als wech drmit vum Kopp!
So hot e' Radikaler gsacht,
Un' Alles stimmt 'm bei
Un' ruft: So schneid' 'n wech de' Zopp
Un' die Frisur sey frei! —
Mer meent, deß wär' gar gschwind getha',
Doch deß geht nit e' so,
Dann schneidscht de' Zopp nit korz genuch,
So is er als noch do,
Un' schneidscht 'n aach bei'm Stumpe ab,
Wer steht emm' drvor gut,
Daß nit im Locke'spiel deß Ding
Sich wiedder flechte' thut?!
Mit viel Studire' un' Gethu'
Hot mer dra' 'rum gemacht
Un' endlich dann de' große Bschluß
E so 'erausgebracht:

Kund un' zu wisse', daß ke' Zopp
Die Freiheit mehr genirt,
So werd noch Vorschrift jeder Kopp
Bis uff die Haut rasirt.
    — „Ja Sapperment, do sin' jo aach
    „Zum Deubl alle Hoor?!"
    „„Deß thut nix, wann nor wech der Zopp,
    Dann deß geht All'm vor.""

Die drei im Keller.

Nach einer Zeichnung von Schwind.

Im Keller wohnt e' Mädche',
Deß is die Mammsell Spitz,
Die is fibel un' luschtich,
Is voller Scherz un' Witz.
Im Keller wohnt brnebe'
E' Fraa, verruckt un' keck,
Mer heeßt se Madame Brummer,
Hot 's Maul am rechte' Fleck.
Un' im Keller wohnt e' Alti,
E' wischti Schachtl aach,
Die mag ich gar nit nenne',
Sie sauft be' ganze' Tag.
Un' klopfscht be zum Vergnüge'
Am Kellerthürche a',
So kummt bererscht deß Mädche',
Die annre' hinnebra';
Un' die deß Ding nit wisse',
Die habe' se alle drei,
Do git's 'n Weltspetakl,
Do is der Spaß vorbei,

Doch die 'n Rummel kenne',
Die losse' 's Mädche' raus,
Un' wann die annre kumme'
So sperrt mer 's Kellerhaus.
Was mich betrefft, mei' Lebtag
War ich de' Mädcher holb,
Un' hätt' ich nor 'n Keller,
'Wüßt', wie ich's mache' sollt'.

Der rheinische Hof.

Der rheinische Hof, ach deß is e' Platz,
Do wüßt' ich zu sinne' mein' herzliebschte Schatz,
Do sitzt er un' trinkt oft luschtich drinn,
Un' ach, er weeß nit, wie gut ich 'm bin.

Un' ich, ich sitz' bei der Mutter drheem
Un' guck in de' Hof uf die grüne Beem',
Un' denk' mer gar oft im Herze' schwer,
Ach wann deß der rheinische Hof doch wär'.

Sunscht hab' ich so gern do nunner geguckt
Un' 's hat mich ke' Seufzer geploocht un' gedruckt,
Es war so gemüthlich un' war so bequem,
So still un' so gut bei der Mutter drheem.

Un' jetz' als ziecht's mich enaus an be' Rhei',
Dann im rheinische Hof do kehrt er jo ei',
Un' aber die Mutter, die sächt: Mei' Kind,
Am Rhein drauß' geht so e' gaschticher Wind.

Un' so muß ich mit ihr in die Kerche' geh',
Do geht er nit hi', 's is freilich nit schö',
Er hot halt am Rhei' sei' Gschäft un' Gethu',
Die Schiff', die dumme', die loss'n 'm ke' Ruh'.

Un' so seh' ich 'n nit, hab' ke' Hoffnung drzu,
Un' 's sächt's 'm ke' Mensch, wo ich bin, was ich thu'
Un' wie ich 'n lieb hab', ach Gott, 's is e' Noth,
Ich wollt', ich wär gstorbe' un' lang' schun todt.

'S Present.

Es hot emōl im e' kleene Städtche'
E' alter braver Rabbiner gewohnt
Un' die Judde' habe' 'n gar oft in Gedanke'
For sei' Verdienschte' ferschtlich belohnt.

Doch werklich is deß lang nix worre',
Bis endlich fasse' se all' de' Beschluß,
Daß mi'm e' Present uff sein' Gebortstag
Der gute Mann überrascht werre' muß.

Jetz' hot halt proponirt e' jeder
Un' mache' wolle' e' G'schäft d'rmit
Un' was verhandle' for deß G'schenk do,
Natürlich mit eme kleene Profit.

Der ee' 'n Pelzrock, dem er selber
Schun ziemlich abg'fegt hot die Hoor,
Der ee' e' alti Vas' for Blume',
Der ee' e' Duf' von Semelor.

Unb jeber hätt' halt so 'n Schunke',
Wann's 'gange wär', an Mann gebracht',
Doch uff die Letscht werd b'stimmt e' Fäßche'
Voll Wei', un' so war's abgemacht.

Daß aber All' 'n Theel dra' habe',
Hot's g'heeße', Jeder bringt e' Boutell'
Un' gießt se in's Fäßche' un', versteht sich,
Der Wei' muß gut sey, klar un' hell.

Un' uff 'n Tag deß Gschenk gar prächtich
Werd beim Rabbiner presentirt,
Der Mann natürlich war betroffe'
Un' bis zu Thräne' schier gerührt.

„Jhr liebe' Leut', ihr seyd zu gütig,
„Jch hab' jo nor mei' Pflicht getha',
„Doch weil's so is, so trinkt aach mit m'r
„Un' zappe mer's glei' luschtich a'.“

Un' wie mer a'gezappt mit Vorsicht
Deß schö' bekränzte Bachushaus,
Do laaft dem ganze' Volk zum Schrecke'
Nix als hellichtes Wasser 'raus.

Die Jubbe' ware' wie verdunnert,
Dann 's is gewest, als wär's e' Spott,
Un' eener hot aus Schmeichlerei noch
Verzählt g'hat, wie mer ei'gfüllt hot.

Un' was war 's Wunner? 'S hot beim Fülle'
E' jeder still bei sich gedenkt:
Wer soll dann bo drhinner kumme',
Wann er statt Wei' nor Wasser schenkt,

Un' hot so eener wie der anner'
E' Fläschche Wasser mitgebracht,
Die Gränk! bie Gränk! — doch der Rabbiner,
Der brave Mann, hot freundlich g'sacht:

„Ihr goldich liebe Moseskinner
„Habt wohl gemeent, der pure Wei'
„Der könnt' mer schade', drum hot jeder
„Aus Vorsicht Wasser g'schütt' bo 'nei'.

„Ne Kinner, Ihr seyd gar zu ängstlich,
„Ich weeß schun selber, was mer gut,
„Drum füllt nor aach statt mit dem Gänswei'
„Deß Fäßche' keck mit Rebe'blut.“

Die Warnungstafl.

Ich bin spazire gange'
Durch Wiese'grü' un' Wald,
Do steht e' Warnungstafl,
Verwittert, gro un' alt.
Druf steht: „Wer do will wandle',
„Muß zum Inspektor geh'"
„Un' muß e' Kart sich löse',
„Sunscht derf ke' Mensch do geh'."
'S war aber nor e' Zufall,
Daß ich die Tafl seh',
Dann luschtiche junge Beemcher,
Die wachse dort in die Höh',
Die sin' do ufgeschosse'
An frische' Blätter reich
Un decke' zu die Tafl
Mit ihre' grüne' Zweig'. —
— So nachlt mancher Griesgram
Sein' wichtiche' Zettl a',
Was is's? die Jug'nd wachst d'rüber
Un' 's denkt ke' Mensch mehr dra'.

———

Vom gute' Humor.

Was mehr is, als alles Gut un' Geld
Un' reicher uns macht uf dere' Welt,
Deß is e' guter Humor,
In dem hockt als noch die Jugend brinn,
Wann aach im Gsicht schun Falte' sin',
Un' wann aach schun scheckich die Hoor.
E' guter Humor macht die Mädcher schö'
Un' ziert se mehr als Edelstee',
Un' e' guter Humor macht die Bube' frisch,
Daß se nit klotze' wie die Fisch;
Un' hot e' Weibche' kenn' gute' Humor,
Un' wann se so schö' wie die Venus wär',
Kenn' Grosche' geb' ich vor die Schönheit her;
Un' wann sich e' Mann die Brill so richt't,
Daß er nichts uff der Welt als Dischtle sicht,
Der gleicht demselle' mi'm lange Ohr,
Deß heeßt, er hot vum e' Esl 'was
Un' e' Esl zu sey, deß is ke' Spaß.
Ob der Adam gehat hot 'n gute' Humor,
Deß wisse' mer nit, doch kummt's mer so vor,
Sunscht hätt' er gewiß was Verdrießlichs gsacht,
Wie 'm unser Hergott die Ripp hot genumme'
Un' hot drmit die Eva gemacht.
Un' daß die Eva ke' laahmi war,

Deß, denk' ich, is eme jede' klar,
Sunſcht hätt' ſe den Apl wohl hänge' loſſe'
Un' hätt' ke' verboteni Frucht genoſſe',
Dann nit umeſunſcht werd e' Spitzbu' genennt,
An dem mer 'n gute' Humor erkennt.
Er hot alſo aach 'n hiſtoriſche Grund,
Hot 'was vum e' Stammbaam, der liebe Kunb.
E' guter Humor kann herrlich docire'
Un' lernt emm e' herrliches Philoſophire',
Un' wer es drmit hot ſo weit gebracht,
Daß er über ſich ſelber ſich luſchtich macht,
Wann m' juſcht will wachſe' e' narriger Zopp,
Der hot mehr Philoſophie im Kopp
Als mancher, der uf 'm Katheeder ſteht
Un' ſich um ſublime Syſcheme' dreht.
E' guter Humor is e' Medikament
Un' könnt' mer 'n, wie 'n Syrop, verſchreibe',
Die Dokter thäte' viel mit vertreibe'
Un' 's Waſſerkurire' hätt' bal' e' End'.
Un' e' guter Humor, der is wie der Wei',
Er ſchließt gar luſchtiche Sache' ei'.
Nor Eens, des is e' biſche betrübt,
Er macht wie der Wei' nit ſelte verliebt,
Un' is mer verliebt, du lieber Gott,
Do macht Wei' un' Humor un' alles bankrott.
Drum nor nit verliebe', doch ſag' ich's nit laut,
Sunſcht könnt' ich's mit der Romantik verderbe
Un' die ſchlüg' mir mei' Ritterſchloß in Scherbe',
Dann deß is vun lauter Humor gebaut.

So sin' se.

Es lege' sich zwee schloofe',
E' Bauer is der ee',
Der bet't: du lieber Himml,
Mach' morge' 's Wetter schee',
Dann sunscht is all' mei' Hoffe'
Un' all' mei' Luscht vorbei,
Mei' Heu werd morge' trucke',
O schon' mer doch beß Heu! —
Der anner war e' Müller,
Steht schun drei Täg' sei' Mühl,
Der bet't: Ach wann doch morge'
E' rechter Rege' fiel',
Sunscht kann ich nimmer mahle',
Hab' jo ke' Wasser mehr,
O laß doch tüchtich regne',
Es is der Bach so leer. —

Es gehe' zwee' zum Jage'
Juscht uf conträr'm Weg',
E' jeder sicht bun weit'm
E' Wild in sein'm Geheg',

E' jeder bet't verſtohle':
Nor deßmol gute' Wind,
Wer weeß, wann ich ſo herrlich
'Nn Rehbock wieder find'. —
Der Wind, der ſoll halt bloſe'
Noch links un' aach noch rechts,
'S ſoll regne' un' ſoll ſchee' ſey',
E' jeder anners möcht's.
So ſin' ſe halt, die Menſche',
Un' jeder räſonnirt,
Un' was dem eene' recht is,
Den annere genirt.
Un' klage' unſerm Herrgott
E' jeder ſein' Verdruß,
Es wär' jo gar ke' Wunner,
Käm' dem emol der Bſchluß
Un' thät' ſe all' verſchlage'
Tief in de' Bobb'm 'nei',
Dann ſo a ewig's Jammre'
Muß nit zum höre' ſey'.
Un' deß is doch deß mehrſchte,
Dann geht's 'm Schlingl gut,
So hot er annre Gſchäfte,
Als daß er bete' thut.

Die Boutelle'.

Es habe' emol im e' trauliche' Kneipche'
Die Weinboutelle' viel Rühme's gemacht,
Un' wie se die Welt so hoch begeischtre',
Un' was mer ihne schun Artigs g'sacht,

Un' wie se dann aach ihr Lob verdiene',
Un' was eens sey' un' gelte' muß,
Um oft e' lahmi Seel' zu erhebe',
Un' was mer do braucht an Spiritus.

Sich! sächt so e' Ding, 's is noch ke' zwee Woche',
So hab' ich e' Lieb im e' Herz angezündt
Un' hab's in e' Luscht un' e' Glück ei'gewicklt,
Der Jung' war vor lauter Verzucke' wie blind.

Un' ich, sächt e' anners, ich derf's wohl aach sage',
Es war e' armer kränklicher Mann,
Den hab' ich getröscht, ich glaab der Herr Parrer,
Daß der so erquicklich kenn' tröschte' kann.

Un' ich hab' aus ganz gemeene' Soldate',
Weeß Gott, die gröschte' Helde' gemacht,
Die ware' wie die lebendige' Deubl,
'Hab' selber gemeent, ich bin in der Schlacht.

Un' ich hab' 'n Musikmeeschter begeischtert,
Der hot euch gebeschtlt e' Symphonie,
Mit Trumml un' Peife', gar luschtich zu höre',
Deß Alles macht unser Wei' un' Genie.

Do sächt ganz still zum e' ernschthafte Krug
E' Römer: Ei Dunner, die protze' genug.
„Mei', geh' mer etwech die Windbeutl do,“
Sächt der, „deß Verbienscht is all' nit e so,
„'S hot vun denne' Troppe' ke' eenzicher 'was,
„Die Gschicht is im Keller e' altes Faß,
„Deß steht halb vergesse', bescheide' un' still,
„Un' wann halt so e' Kammrad was will,
„So gebt's 'm halt was, un' weil's hübsch groß
„So zappt halt e' jeder tüchtich druf los,
„Wann aber im Keller deß Faß nit wär',
„So wäre se All' gar erbärmlich leer.“

Sich! so prahle' viel mi'me große Genie,
Mit hohe' Gedanke' un' Poesie,
Un' mache' do drüber e' langi Brüh',
Aber 's Faß im Keller nenne' se nie.

'S Lichtche'.

Es hot e' Licht in 're Latern
Erschrecklich räsonnirt:
„Is jo e' Lebe' do herinn,
„Als wie's e' Gfangner führt,
„Do is e' Wand un' do e' Wand,
„Do werd mer dumm drbei,
„Was ploocht mer mich, es brennt doch aach
„E' Fackel frank un' frei.
„Is Licht nit Licht? o falschi Welt,
„Gel', 's bangt d'r vor mein'm Schei',
„Deßwege' Schranke' überall,
„Deßwege' sperrscht mich ei'.“
So sächt's un' 's hört's e' guter Jung,
Wie's juscht nit wenig git,
Un' nemmt 'n Stock un' schlacht halt do
Die Gläsfer ei' drmit.
Jetz' hot deß Lichtche triumphirt,
Daß hi' sei' Marterhaus,
Do kummt e' Windstoß uffemol
Un' blooft's beim Stumpe' aus. —
So Lichter git's erschrecklich viel,

Gar ei'gebild't un' klee',
Un' könne', was mer for se sorcht,
Sei' Lebtach nit versteh',
Un' sin' se, wie se wolle' sey',
Mer meent was nocher brennt,
Nee', 's bloost der Wind e' bische' drei'
Un' 's hot der Spaß e' End'.

Die Bedingung.

Wer sächt bum alte' Tilly,
Dem Kriegsmann, wer 'n kennt,
Er hätt' ke' Weib berührt
Un' nie kenn' Wei' probirt
Bis an sei' seligs End'.

Un' drum so hätt' der Tilly
Gewunne' jedi Schlacht,
Schier eeni alle Tag',
Deß heßt, wer's glaabe mag
Un' dem 's ke' Koppweh macht.

Ich hab' emol eme Oberscht
Bum Tilly deß verzählt,
Un' daß mer's probe' möcht',
Ob dann der Grundsatz recht,
Den er sich do' gewählt.

Der Oberscht sächt, 's is richtich,
Der Satz is gut un' wohr
Un' sicher is der Sieg,
Deß heeßt in so 'me Krieg,
Wie dort bun dreißig Johr.

Doch wann der Krieg is kerzer,
Do is die Gschicht rischquirt,
Do steht ke' Chronik gut,
Daß deß e' Werkung thut,
Wann mer sich so sekirt;

Drum, abstrahirt vum Tilly,
Der brav un' ritterlich,
Mir lade' uns zum Wei'
Gern hübsche Weiber ei', —
Es hot aach 'was for sich!

Die drei große Herrn.

Es git e' Buch vun de' große Herrn,
Un' wann ich mich recht b'finn',
So steh'n leicht hunnert, groß un' klee,
Dort im Regischter drinn.

Ich aber weeß drei große Herrn,
Die selbigs Buch nit nennt,
Un' die mer länger uf der Welt,
Als all' die annre kennt.

Der Himml, sich! is so e' Herr,
Was tragt der viele Stern,
Un' was for Stern, 's hot's kenner so
Vun annre große Herrn.

Do is ke' Pappedeckl dra',
Uf den der Glanz is g'stickt,
Do hot ke' krummi Näherin
Dra' 'rumgemacht un' g'flickt.

Un' zeigt er erſcht beß große Band
In aller Farbe'pracht,
Do merkt mer's, der is dun Natur
Zum große Herrn gemacht.

Der zweete, den ich nenne' will,
Un' dem aach kenner gleich,
Deß is der Frühling, liebe Leut',
Wie dornehm un' wie reich!

Sei' Hofſtaat is wie Morge'roth,
E' Paradies ſei' Land,
Sei' Page' ſin' die junge' Beem
Mit Sträußcher in der Hand.

Deß allerſchönſte Wappe'feld,
Der ſchönſte Schild g'hört ſei',
Es blühe' alle Blume' drinn,
Un' 's is dun Sunne'ſchei'.

Un' Alles hot er, was ſich ſchickt
For eble große Herrn,
Er is jo Freund der Poeſie
Un' hot die Dichter gern.

Der dritte, ei beß is der Wein,
Der war emol e' Gott,
Do is ke' Zweifl, daß er aach
Dun große Herrn 'was hot.

Denkt nor, wann der kummt zum e' Feſcht,
Wie macht er's froh un' ſchö',
Do ſunnt ſich Alles in ſein'm Glanz
Un' will nit bun 'm geh'.

Un' den er freundlich hot gegrüßt,
Der denkt mit Freede' dra'
Un' ſicht er 'n wiedder, guckt er 'n aach
Gar ehrerbietig a'.

Ja ja, deß ſin' drei Kavalier',
Die drum nit kleener wer'n,
Un' zählt ſe aach deßſelbe Buch
Nit zu de' große Herrn.

Martin Luther.

Der alte Martin Luther war
Doch gar ke' übler Mann,
E' Mann vun ächt'm Schrot un' Korn,
Wie mer een' finne' kann.

Sei' Spruch vun Wein, Weib un' Gesang,
Den stoßt 'm kenner um
Un' wär die Welt aach überg'scheit
Un' wär' se noch so dumm.

Dann deß is e' Trifolium,
Wo gar niz drüber geht,
Natürlich, wann se gut un' fei',
Wie er's halt aach versteht.

Un' denkt mer nor e' bische' noch,
So fallt's emm selber ei',
Wie lumpich ohne die die Welt
Un' lendelahm müßt' sey'.

Do gäb's ke' Lieb', ke' Poesi
Un', was schier ärger wär',
Kenn' Markebrunner, kenn' Bordeaux
Un' kenn' Champagner mehr.

Do wär' e' wahri Wassernoth,
Weeß Gott, vor Leib un' Seel',
Un' thät ke' Mensch mehr luschtig sey',
Wär' alles schepp un' scheel.

Drum hot der alte Martin recht,
Sei' Spruch is schö' un' klar,
Un' 's is nor schad', daß halt der Mann
Erschrecklich luthrisch war.

'S Mädche' un' der Dämon.

Ihr meent, es gäb' ke' Dämone',
Dernocher gäb's aach nit die Gschicht',
Die ich euch verzähl' vum e' Mädche'
Un' vun so 'me Deublsgesicht.
Es geht e' Mädche' spaziere'
Un' plückt sich Blume' im Korn,
Un' macht sich 'n Strauß uf ihr Hütche'
Vun Glöckcher un' Rittersporn.
Do kummt e' Dämon geschliche',
Gar still wie e' Tigerkatz,
Un' wie er ganz nah bei dem Mädche',
Hipp! rumplt er d'ruf im e' Satz,
Un' packt se' mit seine Tatze'
Un' fliegt mit ihr hoch in die Luft,
Ach hätt' er se falle' losse',
So wär' se zu Pulver verpufft.
Un' tragt se in schreckliche' Felse'
Bis zu sein'm dämonische Haus,
Sie is ganz thormlich gewese',
Jetz' endlich loßt er se aus.
Un' denkt euch, er blinzlt gar zärtlich

Un' bitt't um e' Liebesgunscht;
Die Gränk! so e' Unthier zu liebe',
Deß wär' wahrhaftich e' Kunscht.
Gottlob, die Mädcher verliere'
De' Kopp nit so gschwind, als mer sächt,
Deß Mädche' stellt sich nit pumpsich
Un' thut, als wär' er ihr recht.
„Gern will ich Euch sey', so versprecht se,
Verbunne' mit Leib und Seel',
Doch müßt Ihr mir hübsch vollziehe'
Drei Sache', die ich Euch befehl'."
Do zahlt, der Dämon vor Jubl,
„„Un' wann ich's nit thu', mei' Schatz,
So will ich e' Felseblock werre',
So wohr ich bin, uf dem Platz.""
Un' 's Mädche' verlangt als deß Erschte:
„Ich will," sächt deß niebliche Kind,
„Ihr sollt mer 'n Liebhaber zeige',
Den hißichschte, den mer nor find'." —
Do lacht der Dämon un' schmunzlt
Un' deut't mit de Tatze' uf sich:
„„Wahrhaftich, bei Schwewl un' Phosphor,
Der hißichschte, deß bin ich!""
„Gut," sächt se, „jetz' zeigt mir 'n annre,
Der aber noch hißicher ist." —
Do wechselt der Dämon die Farbe'
Un' 's gebt' 'm 'n höllische' Riß;
Deß hot er natürlich nit könne',
Was war der Kerl so dumm,

Un' is e' Felseblock worre'
Uf ewig versteenert un' stumm,
Un' 's Mädche' is weiter geloffe'
Un' hot sein'm Schicksal gedankt,
Do hot uf eemol die Gegend,
Mit Erd' un' Himml gewankt;
Geb' Acht, der Felseblock kollert
Un' rumplt als hinner ihr drei'
Un' schlacht mit Dunner un' Krache'
De' felsige' Bobbm ei'.
Gottlob, er is aber vor Aerger
Ganz blind d'rnebe' getrollt
Un' endlich uf ewige' Zeite'
Bis tief in die Höll' 'nei' gerollt. —
Jetz' sacht, es gäb' ke' Dämone',
Deß kummt mer lächerlich vor,
Dann wohr is die Gschicht' mit dem Mädche',
Un' gäb's ke', — so wär' se nit wohr.

Die Weiber.

Die Weiber bleibe Kinner
Bis an ihr letschtes End',
Deß kann mer gar nit läugne',
Wann mer die Weiber kennt.

Als kleene, junge Dinger
Do spiele' se mit der Popp,
Die vornehm 'rauszuputze',
Deß habe' se glei' im Kopp.

Als große hübsche Mädcher,
Wie mache' se's dann do?
Do sin' se selber Poppe'
Un' mache's grad' e' so.

Un' krieche' se als Madame'
E' Kleenes, o wie schö',
Do habe' se gar e' Püppche',
Deß plappert und kann g e h'!

Deß macht erscht e' Vergnüche',
Es is jo nit bun Holz
Un' thut, hübsch angezoche',
Als wie e' Altes stolz.

So geht's bun eem zum annre'
Bis zu der Großmama,
Un' wann mer's recht betrachte',
So is was Gutes dra'.

Dann sich! weil deß Reich Gottes,
Wie's heeßt, be' Kinner is,
So kumme' se all' in Himml
Die Weiber, ganz gewiß!

Der Domdechant vun Hochheim.

Der Domdechant vun Hochheim,
Des is e' lieber Herr,
Es git viel Dechant uff der Welt,
So git's kenn' Dechant mehr.

Als Freund vun gute' Christe'
Hot er bei Meenz sei' Haus,
Guckt in de' Main un' in de' Rhein
Fideel zum Fenschter 'naus.

Er is e' golde' Männche',
Spetaklt juscht nit viel,
Hot aber Geischt und Spiritus,
Wie mer's nor habe' will.

Un' wie er ach so gütig
Un' so voll Gnade' is,
Wann eener böse Skrupl hot,
Er helft 'm ganz gewiß.

Er kann so freundlich sage'
E' tröschtlich mildes Wort,
Un' quält emm Sorg' und Kummer aach,
Er bringt se sicher fort.

Froocht 'rum in deutsche Länder,
Wo mer sein Name' kennt,
Ob jeder nit verehrungsvoll
Den brave' Dechant nennt.

Er macht aach große Reese',
B'sucht alle große Herrn,
Un' überall, ich weeß's gewiß,
Ja überall hot mer'n gern.

Ei lieber Herr vun Hochheim,
Kummt aach emol zu mir,
Un' bleibt e' Weil', ich geb Euch gern
Mei' allerbescht' Quartier.

Wann's Krieg git.

Wann's Krieg git un' wann die Franzose' kumme',
So wollt' ich, die Aepl deß wäre' all' Bumme'
Un' daß an de' Traube' e jedi Beer
E' feschti bleierni Kuchl wär',
Un' alle Beem des wäre' Kanone'
Un' Pulver die Erd' und die Stee' Patrone',
Un' jeder Mann sollt e' Feschtung sey',
Verproviantirt mit gutem Wei',
Un' uffgestellt wie mer's nor stelle' kann
Bun Basl bis Wesl alls Mann an Mann,
Un' mit ihne' zum Schutz sollt' noch obe'drei'
E' g'flüchelter Drach der Drachefels sey,
Der die Rund' thät' mache' bei Tag' un' Nacht
Un' hoch in de' Wolke' thät' halte' die Wacht,
Un' erhebe' sollte' sich weit im Land
Die alte' Vulkan' im gröschte' Brand,
Un' daß die Basalt' als schwarze Rakete'
All' feindlich' Volk versprenge' thäte',
Dann der Rhei', der liebe herrliche Rhei',
Deutsch soll er sey'! soll's ewig sey'!

———————

Gschichte'schreibe'.

Ich hab' e' so e' weech's Gemüth
Un' schreib' ich an 're Gschicht',
So derf se mer nit traurig sey',
Nor e' pikant Gedicht.

Sieh! wann ich a'fang', spinnt sich glei'
Die Lieb' natürlich 'nei',
Do dicht' ich mer e' Mädche' halt,
Die muß gar goldich sey',

Muß schö' sey', gut un' gscheit un' lieb',
Ich loß nix fehle' bra'
Un' guck' se', wann se fertig is,
Recht mit Vergnüche' a'.

Jetz' kummt die Gschicht', do freilich derf
Nit als schö' Wetter sey',
Es muß aach bunnre, sunscht is 's nix,
Un' blitze' brunner 'nei',

Un' 's Mädche deß muß in de' Storm,
In G'fahre, Angst un' Graus,
Daß Alles meent, sie geht zu Grund
Un' kummt gar nimmer 'raus. —

So weit is 's Dichte' juscht ke' Kunscht,
Wie aber fangscht es a',
Daß all' die Noth dem Mädche' doch
Am End' ke' Leed's getha'?

Deß is so leicht nit, wie mer meent,
Drum mache's Viel' e' so:
Sie losse' sterbe' des arme Ding,
Un' sich! der Schluß is do'.

Ich aber kann deß nit, mir werd
Wahrhaftig 's Herz d'rum schwer,
Als wann bo des gedichte' Kind
Mei' werklichi Tochter wär'.

Sie dauert mich, dann recht betracht',
Bin ich an All'm schuld
Un' hab' se 'nei in's Unglück g'sterzt
Mit wahrer Ungeduld.

Un' nor daß's aus werd, soll ich jetz'
Noch gar ihr Mörder sey',
Ne', b'hüt' mich Gott, deß kann ich nit,
Deß fallt mer gar nit ei',

Ich muß ihr helfe', geht's wie's will,
Deß macht viel' Sorg' un' Plöch,
Un' tief bekümmert sitz' ich oft
Un' denk' alls d'rüber noch.

Drum Gschichteschreibe heeßt nit viel,
Wann eener hart un' kalt,
Doch der, wo hot e' weech's Gemüth,
Bei dem hot's Raupe' halt.

Vum Wei'.

Ich weeß nit, wie er's macht, der Wei',
Er hot e' b'sunnri Kunscht,
Viel Liedcher un' viel Mädcher sei',
Die wohne in sein'm Dunscht.

Un' 's is wahrhaftich g'rad, als wär'
E' Zauberei drbei,
Dann Liedcher alls un' Mädcher sin'
Drin funklnachelneu.

Drum werd beim Wei' e' Alter aach
Als wie e' junger Bu'
Un' singt un' denkt e' rosig Kind
Als Schätzche sich drzu.

Drum werd er luschtich, weeß nit wie,
Un' kümmert sich nix drum
Un' wann aach for die Schwärmerei
Die Zeite' lang schun rum.

Un' ebe' drum, so lobt 'n aach,
Wer je e' Dichter war,
Dann ohne Wei', du lieber Gott,
Wär's oft mi'm Dichte' gar.

O guter Wei', o braver Wei',
O hör', um was ich bitt',
Mit deiner liebe' Hexerei
Verloß nor du mich nit.

Un' daß ich, Freund, dich nit verloß,
Do kannscht be ruhig sey',
Ich bin un' bleib mei Lebe lang
Bun ganz'm Herze' dei'.

•

Der Vater an de' reef'lufchtige Sohn.

Lieber Sohn, geh, bleib' d'rheem,
Hoscht's do gut un' hoscht's bequeem,
Hütscht bei' Schof, bei' brauni Kuh;
Lebscht vergnügt un' lebscht in Ruh.

Sich! ich war aach in der Welt,
Ach, sie zappe' emm deß Geld
Aus 'm Sack, deß hot e' Art, —
Un' du Jung' hoscht noch kenn' Bart!

In der Kriegszeit mußt' ich mit,
Ich vergeß's mei' Lebtach nit,
Weit bis nunner an die Etsch,
Sellemol war do 's Gepletsch.

Dunnerwetter noch emol,
Blost e' Wind in dem Thyrol,
Un' was sin' die Leut' so grob,
Daß emm thormlich werd im Kopp.

Ja die Mädcher, deß is wohr,
Die sin' dort im schönste Flor,
Doch die Borsch', bei meiner Seel',
Schlage' emm glei' grün un' geel.

Kummscht de noch Italie' 'nei,
Werd's d'r nit viel besser sey',
Kumme' mer die Leut' do vor
Grad' so falsch wie Semelor.

Willscht de vielleicht in die Schweiz,
Do hoscht erscht deß rechte Kreuz, .
Penning sin' dei' Batze dort,
Deß is e' verfluchter Ort.

Die Franzose', die sin' fei',
Luschtig, habe' gute Wei',
Aber do verstehscht ke' Sproch
Un' deß geht emm alsfort noch.

Drum deß Reese in der Welt
Macht viel Sorge', koscht viel Geld,
Reescht un' reescht be halt so zu,
Werscht am End e' Bettlbu'.

Alles is, wie mer's gewöhnt,
Was ich sag', is gut gemeent,
Hüt' du lieber Schof un' Gäns'
Un' bleib hübsch in Permasens.

Der Orange'baam.

'S is um 'n scheene' Orangebaam
Werklich ebbes scheen's,
'S is e' wahres Familliebild,
Luschtiger als nor eens.

Unne' der Stamm, deß is der Papa,
Der tragt 's ganze Haus,
Obe' do sitzt in der Kron die Mama,
Guckt gar ehrbar raus.

Dunklgrün, mit Blätter geblumt
Is ihr Staatsrockelor,
Ueberall dra', wie die Lilie' so weiß,
Schluppe' die Kinner, 'ervor.

Un' die Kinner, die wachse' gar hübsch,
Deß git saftige Söhn',
Goldiche Mädcher, die diene' im Haus,
Do werd kenni gemeen.

Ja, so is e' Orangebaam
Wie e' guti Famill',
Blüht un' wachst als friedlich fort
Un' lebt ruhig un' still.

Un' so sin' gute Famillie' aach
Wie die Orangebeem,
Sin' gar selte', nit überall
Findscht se bei uns derheem.

Die Wolke'.

„Ach, wann's nor nit so viel Wolke' gäb'!"

„„Was? Wolke? was thun se d'r dann?""

„Do gäb's aach nit so viel Wolkebrüch',

„Die ich halt nit leibe' kann."

„„Aber 's Wetter is jo wahrhaftig so schö'""

„So? fallt dir die Salzach nit ei',

„Die is jetz' e' See, daß vun Ischl ke' Mensch

„Nit rauskann, noch weniger 'nei'!"

„„Ja, mir sin' jo weit mächtig etwech do am Rhei',

„„Hoscht 'n Freund drinn, der heemkumme soll?""

„Ach nee, 's kann die Kaisrin vun Rußland nit
                                              'raus,

„Deß is es, deß macht mich so toll."

„„Ja was geht's dann dich a', du bischt jo verruckt —""

„No', so hör' nor, die Gschicht' is e' so,

„Unser Grof hot e' Gschäft bei der Kaiserin,

„Könnt se 'raus, wär er lang nimmer do,

„Jetz' aber wie's is, so geht er nit fort,

„Un' bleibt aach der Herr Sekertär,

„Un' wege' dem bleibt der Verwalter aach,

„Der alte brummliche Bär.

„Un' der hot alls mit sein'm Garte' zu thu'

„Un' ich bin sei' Gärtner, jetz' sich!
„So kummt mit dem ewige Trottle' do
„Grab' alles Pech über mich.
„Dann geht der Graf fort, geht der Sekertär aach
„Un' mei' Alter spazirt in sei' Bab
„Un' ich thu' nochher aach, was ich will
„Un' spendir' mer selber e' Gnad'
„Un' geh' zu mein'm Schatz noch Germersheim
„Uff ihr'n Name'stag
„Un' bring ihr deß allerschönschte Bouquet,
„Verstehscht de' jetz' mei' Lag'?
„Sich! ohne den dumme' Wolke'bruch
„So wäre' se lang fort, all',
„Drum wann ich an Wolke' nor denke' thu',
„So steigt mer schun die Gall."

'S Ultimatum.

Die Zeit hat emōl e' Sitzung g'halte'
Un' hat die Zukunft arrangirt,
Do waare dann drei Sachverständ'ge
Drzu gehorsamst invitirt.

'S war e' Prälat, e' Held, e' Kaufmann,
Natürlich Männer bun Verstand,
Die sin' dann pünktlich zammekumme,
Die Zeit war artig un' scharmant,

Un' hot b'rerscht 'n Vortrag g'halte':
Mei' Meenung, sächt se', beß wär' die
Die Menschheit muß Moral stubire',
Dann wachst se wild, geroth't se nie.

Drum soll, was geischtlich is, regire'
Die erschte nächschte hunnert Johr,
So kann se sich e' bische' bilde',
Der Herr Prälat steht gut drfor.

Doch daß se nit die Derke (Türken) fresse',
Dann do helft doch ke' Lehr un' Noth,
So muß se sich aach wehre' könne',
Wann's juscht gebiete' thät die Noth.

Drum meen' ich, daß im zweete Hunnert
E' tüchtiger Soldat regiert,
Do kann se mannövrire lerne'
Un' wie mer schießt un' exercirt.

Im britte Hunnert soll se treibe',
Verkehr un' Hand'l brüberlich
Un' soll 'n Zollverein errichte',
So denk' ich mer, so macht se sich.

Deß war der Vorschlag, no' natürlich
Hot mer gebablt hi' un' her,
Doch sin' se enblich eenig worre',
Daß so e' Gang passabl wär'.

Jetz' aber mußt mer noch berichte'
'M Schicksal bun der ganze Gschicht',
Dann deß war for die Zeit un' Alles
Bun je deß öberschte Gericht.

Un 's Schicksal sächt: Ihr macht Planete',
Do werb emm übl schier drbei,
Was wär' bann ohne hübsche Weiber
Die ganz' stubiert' Regiererei.

Do möcht' ich den Spetakl sehe',
Do ging jo Alles überzwerch
Un' gäb' Revolte' un' Kravalle',
Es stünde emm bie Hoor zu Berg.

Die Weiber müsse mitregiere',
Sunscht is bie Politik verletzt,
Un' will bie Zeit sich opponire',
So sag' ich, werd se abgesetzt.

Jetz' Punktum. Deß war 's Ultimatum
Un' folge müsse' hot bie Zeit,
Un' so regiern halt mit bie Weiber
Un' wer'n 's aach thu' in Ewigkeit.

Der Weiberbarometer.

Ich hab' emol e' Fraa gekennt,
Die hot so scheene Waade' ghat,
Bei der war 's Wetter alsfort schlecht
Un' übrall dreckich war die Stadt.

Ich hab' e' anneri gekennt,
Die hot 'n scheene' Buckl ghat,
Bei der war 's Wetter alsfort schee'
Un' als der Himml spieglglatt.

E' britti hab' ich aach gekennt,
Die hot gehat 'n scheene' Arm,
Der war e' jeder Aerm'l, denk,
Sogar im Winter viel zu warm.

Un' wiedder eeni fallt mer ei',
Do war nix als ihr Mantl schee',
Die hot als gsacht, es wär' so kalt
Un' wollt' nit ohne Mantl geh'.

Ich hab' emol die viere g'froocht,
Wie's justement um's Wetter wär':
„Ei hübsch, ei wüscht, ei warm, ei kalt —"
Befehl' mich Ihne', dank' recht sehr,

Sacht lieber Waade', Buckl, Arm
Un' Mantl, nocher weeß mer doch,
Was euch e' Barometer is
Un' hingeht for e' Wetterloch.

Die Poesie.

Der Ee'.

Wer heeßt die Dichter Musesöhn',
Un' sächt, die Muse' sin'
Mit groß'm Glanz un' Herrlichkeit
Im tiefschte Himml brinn.

Deß glaab' ich nit, dann wer so reich
Dort wohnt im Himmlshaus,
Der schickt kenn' Sohn so uf die Erd',
Arm wie e' Kerche'maus.

Un' wo is dann e' Muse'sohn,
Dem's gar so prächtich geht,
Der wär', als wie e' weißi Schnepp,
E' wahri Rarität.

Vor Zeite', ja, do leest mer wohl,
Do war's e' annri Gschicht',
Do war's wie blank gemünztes Gold,
Hot eener schö' gedicht't,

Do hot sich so e' Mutter noch
Bekümmert um ihr Kind,
Jetz' aber sicht die Abkunft aus,
Als wär' se lauter Wind.

Drum wann die Gschicht' nit gar e' Lüg',
So kann nor Eens noch sey',
Die Muse' habe selber nix
Un' 's geht die Werthschaft ei'.

Der Anner'.

Was deß for e' Gebabl is!
Die Poesie is so:
Wann eener Wei' trinkt schoppeweis,
Un' 's is gar kenner do!

Un' wann er vum e' Tannebusch
Im Winter Veilcher plückt,
Un' wie wann's Aßmannshäuser wär',
Sich am e' Bach entzückt.

Deß is der Vorzug, lieber Freund,
Wann eener e' Poet,
Daß er im schönste' Wage' fahrt,
Wann er spazire' geht.

Un' daß er reit't de' Pegasus
Un' doch vum Stuhl nit kummt,
Un' daß er Eng'l singe' hört,
Wann nor e' Käffer summt.

Un' daß er Auschtre' fangt un' Fisch
Im ärmschte Dinte'faß,
Un' daß Kartoffl uf sein'm Tisch
For ihn sin' Ananas.

Un' so sin' aach die Vers sei' Geld,
Do zahlt er gern drmit,
Un' der's nit gelte' losse' will,
Sich! der versteht's halt nit!

Die Wein' un' der Bachus.

Die Wein' sin' emol zum Bachus kumme'
Un' habe' 'n um e' Entscheidung gebitt't,
Er soll ihne' saache' uff Wort un' Ehr',
Weller bun ihne der vornehmste wär'.

Der Bachus hot gsacht: Ihr liebe Kinner,
Den Gfalle' den will ich euch wohl thu',
Es schick' nor e' jeder e' kleen's Deputat,
Nocher halt' ich e' Prüfung im große' Rath.

Deß ware' die Wein' natürlich zufriede'
Un' Gsandte sin' kumme' bun aller Welt
Un' 's hot nor gewimmelt bun Glanz un' bun Pracht,
Dann der kleenschte der hot sein' Staat gemacht.

Un' 'm Bachus sei' Ceremoniemeeschter
Der hot ihne' gsacht: Wann die Prüfung is,
Geht jeder, so wie 'm gewunke' werd sey',
Beim König ganz still in die Gorgl 'enei'.

Un' richtich! so wie der Tag is gewese',
So hot der Bachus der Reih' noch gewinkt,
Deß erschte, deß ware' die Herrn bum Rhei',
Die sin' dann stolziert wie die Ferschte' 'enei'.

Dernocher sin' glei' die Burgunder 'kumme'
Un' die Bordeaux mit ihr'm rothe' Talar, —
Do habe' die Grieche' schun Gsichter gemacht
Un' habe' die Fremde gar scheel betracht't,

Un' e' alter Muschkat bun der Insl Samos
Der hot gesacht zum e' Malvasir,
Geb' Acht, die Franzose' mit ihr'm Geschwätz
Die krieche' heilig die erschte' Plätz'.

Un' der Bachus der hot 'm Champagner gewunke',
Der war wie e' rechter Stutzer geputzt,
Besetzt mit Topase' die Knöpp am Frack
Un' e' Perle'schnur an sein'm Chapeau claque.

Er is mehr getanzt als daß er is 'gange'
Un' hot noch gesumst so e' Stück bum e' Lied,
Do habe' die annre' gemormlt: Wie grob!
Der hot aach be' Großmogl in sein'm Kopp.

Jetz' hot der Bachus gerufe': Tokayer!
Do is der natürlich gar wichtig 'enei',
E' kleener Mann, ganz kuprich un' roth,
Zwee Husare' hinner 'm noch ungrischer Mob'.

D'ruf hot der Bachus nimmer gewunke,
Es war e' langi peinlichi Pauf',
Un' er hot sich als bsunne' un' hot sinnirt
Un' wie e' rechter Gelehrter stubirt.

Un' wie's halt geht mit dem dumme' Stubiere',
So kummt 'm der Schlof un' er buslt ei',
Jetz' stellt euch die Angscht un' die Ungebuld vor
Vun dem übrige' diplomatische' Corps. —

„Do gilt es e' Lischt," sächt e' Piesporter Junker
Un' rumplt 'm König durch's offene Maul.
Deß war e' Signal, un' Alles will 'nei'
Un' kenner der letschte Vergessene sey'.

O Morb un' Spetakl, was war deß e' Drucke',
Die Grieche', wie Feuer vor Aerger un' Zorn,
Un' die Franke', die aach nit vun Hußle' gemacht,
Die habe' sich große Sottise' gesacht.

Ke' Rücksicht, ke' Schonung war do mehr zu finne',
Die Spanier allee' ware' noch im e' Takt
Un' habe' die Lacrimae Christi gebitt',
„Ei, gehen Se vor, mir kumme' schun mit."

Un' der Bachus der hot als gschlofe' un' gschlofe'
Un' die Herold die habe' gewart't un' gewart't,
Um laut zu verkündige' überall,
Wie dann gefalle' 'm König sei' Wahl.

Jetz' endlich erwacht er, un' wie er's soll sage',
Derweil' dann der erschte vun all' denne' Wein',
So denkt er in Lieb', un' deß war wohl aach gscheit:
„Was soll ich een kränke', sin' All' liebe Leut',

„Un' soll ich's dann wege' 'me Wörtche' risquire',
„Daß mancher werd sauer un' kahnig vor Gram?"
Nee, denkt sich der König, un' hot halt nix gsacht,
Als daß 'm die Prüfung Vergnüge' gemacht.

Un' weil er halt gar nix sunscht sage hot wolle',
Der gute un' liebe un' freundliche Mann,
Un' so weeß mer noch bis uff die Stund' nit gewiß,
Derweil' vun' de' Wein' der vornehmschte is.

Der Student.

Ich zum Minischter kumme'? was der will?
Deß weeß der Himml, deß begreif' ich nit,
Ich e' Student, wie's hunnert annre git,
Un' zum Minischter? — Halt! mir fallt 'was ei';
Wahrhaftich ja, deß könnt' die Ursach sey':
Der Baron Stern hat mei' Gedicht gelese',
Die Od' uf die Regente'pflicht,
Er kummt gar oft zu dem Minischter,
Hat wohl 'was gsacht bun dem Gedicht;
Er werd mer's doch nit übl nemme',
'S is jo gar nix Politisch brinn,
Is' Alles ebl un' bescheide'
Un' hot doch aach Verstand un' Sinn.
Deß eenziche, deß könnt' er froche':
Was geht dich e' Regentschaft an?
Was saach ich nocher? — wer's schun sehe',
Ich saach, es wär' nix Uebels dran,
Hätt' ich gemeent, thät jo bekränze'
Die Kron' mit Lorbeer un' so fort,
'S git doch poetische Licenze',
Wer kann dann wiege' jedes Wort.

A was! 's kann aach was anners sey',
Die junge Herrn spaziere' führe',
Lectione' gebe', Repetire'
Mit seine Kinner, 's wär' e' Ehr',
Doch meiner Seel', deß wär' nit luschtich,
Wann er nor ke' Minischter wär'!
So derft' ich jo ke' Stund' versaame'
Um gar ke' Geld, des wär' e' Plöch,
Un' wann die Bube' nix begriffe',
Käm noch e' Dunnerwetter noch. —
Wer weeß, 's könnt' aber aach passire',
Er braucht un' sucht vielleicht so een',
Der fescht is, Hoor hot uf de' Zähn'
Un' der e' wichtichs Staatspapier
Fortbringe' muß als Hofcourier.
Deß wär' nit übl, mit der Poscht
So luschtich fahre', wann's nix koscht;
Vielleicht ging's weit, so Tach un' Nacht,
Durch Dick und Dünn, e' rechti Jagd,
Vielleicht wär's gfährlich, — no warum,
Do schnall' ich halt 'n Sabl um
Un' zwee Pischtole' in der Hand,
So fahr' ich in's Schlaraffe'land!
Deß könnt' wohl gar 'n Ord'n trage',
E' goldne Dus', wer weeß, noch mehr,
Ei Sapperment, deß ließ' sich höre',
Wann's nor so was Appartes wär'! — —
„Jetz' war ich richtich beim Minischter."
„„No' saach, was hot er d'r dann g'sacht?""

„Ach Gott, ich soll mein'm Vater schreibe',
Er will e' Stück bun seiner Jagd,
So an der Gränz' zwee kleene Böge',
Die wär'n 'm juscht bequem gelege'.
Deß war mei' ganzi Avantür',
Ja wohl Gedicht un' Hofcourier,
O Phantasie, o Nebeldunscht,
Wer denkt doch recht viel umesunscht!"

Der Schrecke'.

Es wart't e' Mädche' am Neckerstrand,
Es soll dort steige' ihr Liebschter an's Land,
E' Schiff vun Gundlheim bringt 'n mit,
Un' aber deß Schiff, deß kummt halt nit.

Do frocht se be' Necker, o sag' mer doch,
Kummt heut' des Schiff vun Gundlheim noch?
O sag', du hoscht 'm doch nix getha',
Du hoscht doch wohl kenn' Aerger dra'?

O lieber Necker, ich bitt' dich schö',
Deß Schiff nor loß mer glücklich geh',
Do is mei' Lieb', mei' Alles drinn,
Du sichscht jo, wie ich in Aengste bin.

Der Necker, der brummlt, ke' Mensch weeß was,
Un' macht e' Gsicht gar trüb un' naß,
Un' 's Mädche' alls guckt, un' ringt die Händ':
„Mei' Gott, wann der Necker nor rede' könnt'.“

Un' wie se beß seufzt in ihr'm Weh,
Do taucht aus 'm Necker 'was in bie Höh',
E' großer Stee' un' druf e' Schrift,
Do war beß Mädche' ganz verblüfft,

Un' kummt in 'n Schrecke', du lieber Gott,
Daß Alles an ihr gezittert hot,
Un' hot sich nit zu lese' getraut,
Un' hot mit Thräne' zum Himml g'schaut.

„Was is dann dem Kind," hot e' Schiffer g'sacht,
Der zufällig aach be' Necker betracht't,
„Was hot se dann," sächt er, „was flennt se dann so!"
Un' sie jammert: Ach les' Er die Buchstabe' do.
„Was is bo zu lese', beß is bekannt,
„Es heeßt:
    Wann ich seh' Himml un' Land,
     So ist der gute Necker so klee',
      Daß b'ruf gewiß ke' Schiff kann geh'."

Un' wie se beß hört, springt's flink un' fluggs
Un' gebt ihr e' Küßche' hinnerrucks.
Der Schatz war kumme' mit Extraposcht,
Do hot's ke' Thräne' mehr gekoscht.

Der Stee' der Weise'.

'S hot eener 'n Stee' der Weise' gesucht
Un' hot 'n halt nit g'funne,
E' alti Her, die hot 'm gsacht,
Der Stee' läg' im e' Brunne.
Drum hot er aus alle Brunne' schier
Viel Steener mitgenumme
Un' is doch nor trotz aller Müh'
Zu nix als Kiesl 'kumme.
Jetz' kehrt er emol im e' Werthshaus ei',
Do sicht er en' Dicke' sitze',
Der Mann deß war' e' Juwelier,
Thut wie e' Karfunkel blitze'.
„Ei saache' Se doch, Herr Juwelier,
Wie is es mi'm Stee' der Weise',
Ich such' mei' halbes Lebe' lang,
'S möcht' die Geduld verreiße'.
Mer hot mer als gewiß verzählt,
Der Stee' läg' im e' Brunne,
Wo Deubl mag der Brunne sey'?
Ich hab 'n noch nit gfunne."
Der Juwelier, e' braver Mann,

Der nemmt sein' volle' Humpe':
Des is der Brunne, sächt er, Freund,
Do muß Er fleißig pumpe,
Dann selln Stee, mer sicht 'n nit,
Mer kann 'n nor empfinne',
Wer luschtich is, der hot den Stee'
Drum loß Er 's wacker rinne'. —
Do setzt halt unser Sucher an
Un' fleißig rinnt der Brunne,
Un' üb'r e' Weil, do hot er dann
Den Stee' aach richtich gfunne.

Der malkontente Dichter.

Lieber Freund, jetz' hör' emol,
Was sächt mer vun meine Gedicht'?
„Ja, weescht de, es dreht sich deß Dichte' do
„Alls um die nämlich Gschicht'.
„Mer find't se recht hübsch un' 's fehlt nor dra',
„Was schier be' mehrschte fehlt,
„Mer meent, mer hätt' se gelese' schun,
„Oder 's hätt's emm schun eener verzählt.
„Du muscht's nit übl nemme, verstehscht,
„Sie sage', 's is halt nix Neu's,
„Mer kennt die Bilder un' Alles deß,
„Mit all dein'm Geschick un' Fleiß.“

Ja Bilder! Mit be' Bilder geht's
Wie mit be' Blume', sich!
Was vor die Annre wachst un' blüht,
Deß blüht halt aach for mich.
Was aber kann dann ich drfor,
Wann der un' der sich bückt,
Un' eh' ich nor gebore' bin,

Schun Alles roppt un' plückt!
Was die Hauptstück', die prächtiche Rose sin',
Die hot schun der Schiller g'holt
Un' der Goethe, der Rückert, der Lenau aach,
Die habe' viel 'mit gemolt,
Die Veil'cher hot sich der Uhland gewählt,
Der Geibel die Sunneblum,
Der Platen die Tulpe', un' gar überall
Hot der Heine gekrabblt 'erum.
Vergißmeinnicht?! Du lieber Gott!
Jeder Schneider hot voll die Händ',
Do müßt schun eener der Adam seh',
Daß er die als neu bringe' könnt'.
For Lilie un' Epheu un' Rebe'laab
Geb' ich aach ke' rothi Bohn;
Denk an be' Justinus Kerner nor
Un' be' alte Mathisson.
Un' mit Myrthe' un' Lorbeer un' Palme' gar,
Do is es g'rad e' so,
Die git's jo wäge'voll uff der Welt,
Es is halt Alles schun bo!
Jetz' such' d'r was Neu's' un' muß dann beß seh'?
Geht e' Stern nit for ewig im Kreis
Un' is dann der Mond, for den mer so schwärmt,
Un' die Sunn'? is dann beß was Neu's?
Ne, ne, 's is was anners, bun Obe' fehlt's,
Es is halt die Bureaukratie,
Un' ihr' ewigi Vormundschaft über's Volk,
Daß ke' Mensch nix mehr weeß bun Genie!

Drum laafe' so All' als wie die Schoof
'M Autoritäts=Hamml noch,
Un' wär' aach der Schiller nix gege' mich,
Sie schreie' doch: Schiller hoch! —

'S Blümche'.

'Bin gsesse' im e' grüne Feld
Un' hab e' Blum' betracht't,
Die hot der liebe Gott gar schö'
Un' farbereich gemacht.

O Blümche', hab' ich mer gedenkt,
O wie beneid' ich dich,
Du blühscht so hübsch un' ruhig do,
Wie anners find' ich mich.

Dir will mer nix, dich quält mer nit,
Du guckscht de' Himml a'
Un' zählst in deinem stille' Glück
Die Silberwölkcher dra'.

Un' wie ich deß so denk', so kummt
E' Papilion d'rher,
Der thut, als wann des zarte Ding
For ihn gewachse' wär'.

Er schnufflt dra' un' grablt dra'
Voll Hunger un' voll Gier
Un' wühlt die Blätter schier kaput
Deß übermüt'ge Thier.

Un' wie er wech is, kummt e' Bien'
Mit wüschte geele Füß',
Die hockt mit Sumse' d'ruf un' freßt,
Un' freßt de' Honig süß.

Un' nocher kummt e' Käffer her,
Der war so schwer un' dumm
Un' druckt un' biegt des Blümche' do
Bis uf be' Bobbm um.

Un' drüber fangt's zu bunnre' a'
Un' endlich hagelt's gar
Uf mich un' Blum un' Büsch un' Beem,
Daß's zum erbarme' war.

Die Gränk', so kann dann gar nix seh'
In Ruh' un' ohne Plöch,
Warum jetz' deß nit anners is,
Denk' lang schon drüber noch.

Die sublime Geischter.

Die als so thun, als wann for sie,
Die Welt zu elend wär',
Als wann halt gar nix gut genug
For ihres Geischts Begehr,
Dieselle Mensche mag' ich nit,
'S is aach gewiß nix bra',
Ich seh' se for e' bsunnri Art
Bun Mißgeborte' a'.
Wann unser Herrgot hätt' gewollt,
Daß nix als Himml wär',
So hätt' er wohl ke' Erd' gemacht,
Kenn' Mensch' geplanzt doher,
Un' daß durch e' Versehe', weescht,
E' Engl uf die Erd
So mir nix dir nix kumme' kunnt',
Deß is mer zu gelehrt.
'S geht aber doch so mancher 'rum
Un' bild't sich so 'was ei'
Un' meent, er wär' der Welt zu gut,
Er g'höret nit recht 'rei'. —
Der Mensch, verstehscht, is so un' so,

Vum Himmel is 'was drinn,
Drum hot er jo for Großes aach,
Un' for 'was Schön's 'n Sinn,
Ja sich! ich glaab, er guckt sogar
Oft in de' Himmel 'nei',
Doch daß er drum e' Engl wär',
Deß fall' m' jo nit ei',
Sunscht geht's 'm, wie eem, der emol,
Beim König 'gesse' hot
Un' meent, jetz' wär' er aach e' Prinz,
Der macht gewiß Bankrott.

Nein, Nee, Na.

Liebchen, höre meine Bitte,
Oeffne mir dein Fensterlein,
Schirmt die Nacht die stille Liebe,
Steig' ich leis' zu dir hinein.
„Nein, nein!"

Mädche', loß dei' Zimmer offe',
O versprech's, ich bitt' dich schee',
'Hab dir heut' noch viel zu saache',
Aber nor dir ganz allee'.
„Nee, nee!"

Diendl, bist ma' guat a' bißl,
Schiebst ma' 's Riegei heunt nit für,
Schau, die Nacht waar' lang zu'n Sterb'n,
Ließt b' mi' nit a' wen'g zu dir.
„Na, na!"

Der Dunscht am Champagnerglas.

Wann de frische' Champagner ei'schenke' thuscht,
Den Wei' so luschtich un' lieb,
So möcht ich nor wisse', warum werd 's Glas
Als wie bum e' Nebl so trüb?
„Deß will ich b'r sage', sich! wann e' Ferscht
Sich zeigt im Staat un' in Pracht,
So weeß mer, daß deß im Volk e' Gelaaf
Un' viel Gaffe' un' Uffsehe' macht.
E' Jeder will's sehe', so gut als es geht,
E' Jeder will sey' vornebra'
Un' Kopp an Kopp anenanner gedrängt
So staunt mer die Herrlichkeit a',
Un' so is es aach do, wie e' neugier'g Volk
Is 's Wasser un' was drzu gehört,
Sei' Kinner, die Dünscht, un' die sin' überall
In der Luft als wie in der Erd.
Un' wann so e' Ferscht an die Tafel kummt
Als wie der Champagnerwei'
Un' sie sehn 'n im Glas, so wolle' se all'
Zum Gaffe' die erschte' sey',

Un' do gucke' se, eens an's anner' gedruckt,
Un' git e' Gewerr un' Geschieb,
Un' deß is die Gschicht' un' deßwege' werd
Natürlich 's Glas nocher trüb.

Der rechte Vochl un' der schlechte Vochl.

Sich! was e' rechter Vochl is,
Der singt halt wie er singt
Un' sorgt sich nit un' plocht sich nit,
Ob's dann aach modisch klingt.

Bun Herze geht's 'm, wann er singt
Un' horcht 'm nor der Wald,
Er richt' sich's nit un' bicht' sich's nit,
Wie's g'rad be' Mehrschte g'fallt.

'S git aber Vöchl uff der Welt,
Die gebe' gar wohl Acht,
Woher der Wind weht un' was juscht
Die Zeit for G'sichter macht.

Do pfeife' se un' flöte se
Bal' so bal' so e' Lied,
Un' mancher hot zum Krüppl sich
Do drüber abgemüht.

Heut finge' fe fo fanft, mer meent,
For Kinner nor zum Schlof
Un' morge' wie diefell' Nachtigall,
Die 'm Bauer freßt die Schöf.

Heut zwitfchern fe fo zimperlich
Un' ftelle' fich fo fcharmant
Un' morge' mit eme Mordsgekrifch
Dorchbrülle' fe 's ganze Land. —

Mer hot 'n falfche Hund nit gern,
Wann er aach fchmeichle mag,
Un' fo geht's troß der Singerei
Doch denne' Vöchl aach.

Sunfcht habe' fe 'was vun Straußeart,
Dann fliege' könne' fe nit,
Un' trage' ftolz un' hoch de' Kopp,
'S is aber e' Unnerfchied:

E' Strauß hot Feddre', die 'was werth,
Die annre habe' nor Hoor,
Un' wann b' fo 'n Vochl verkaafe' wolltfcht,
So kriechfcht kenn' Kreuzer b'rfor.

.

Der Pfälzer und der Bayrischzeller.

(Pfälzisch und oberbayrisch.)

Pfälzer.

Gute' Morge', gute' Morge', ei sacht, lieber Freund,
Wie heeßt dann der Berg, wo die Sunn druff scheint,
Der dort, wo so Felse' un' Löcher un' Stee'?
Meiner Seel', lieber Freund, der Berg is nit schö'.

Bayrischzeller.

Der Berg waar nit schö'? dees verstehts Ees halt nit.
Es fei't ihm nix dem, seybds no z'friedn damit,
Den hoaßt mar 'n Wendelstoa', steigts amal 'nauf,
Ko sey', 's geht Enk nacher a' Liachtl auf.

Pfälzer.

Ja was soll dann do schö' sey', es wachst jo nix dra',
Un' mer sicht 'm die Wildheit vun weitem schun a',
Un' weche' der pure' Aussicht allee',
Do käm' emm deß Grable' theuer zu steh'.

Bayrischzeller.

Ees wißts es halt nit, 's is wohl schö' in den Gwänd
Und a' Platz schö' a' raara, bal's oana recht kennt,

Es is dort a' Gartn, so fei', wie's oan' geit,
Wo b' Almrosn blühn in der Summerszeit
Und der Enzian mit seini Glockn so blau
Und b' Stoarautn, dees is a' wunderliebs G'schau.
Und steigst na' auf b' Birsch um a' Gambsei 'nauf
Und es rauscht aus die Laatschn an' Auerho' auf,
A' Spielho', a' Haslhea'r, dees is a' Freud,
Da werd ma' wohl frisch und da rührt si' a' Schneid,
Und sicht ma' da drobe na' b' Sunn aufgeh',
Da is ja b' Welt grab noamal so schö',
Bal' s' o'scheint die Schneeberg weit drinn in Throl
Und in Land braußn b' Ebnet vo' Nebi no' voll
Und der Tag glaaslhoata, All's ruai' und still —
Und bal' nacher oana no' bro' denka will,
Wie's anders is bruntn, wo b' Leut anand plagn,
Herr Bruada, betrachts und Ees werds nimmer fragn
Ob's ebba kunt schö' seh' und luschti' da drobn,
Mein' Kopf wollt i' wettn, Ees thaats es aa' lobn.

Pfälzer.

Die Gränk, was er schwärmt! — Er is jo e' Poet,
Der sich uff e' Bschreibung gar prächtich versteht,
So e' rechti idyllischi Mensche'natur,
Er kummt alle' Schönheite' g'schwind uff die Spur,
Wahrhaftich, Er sollt' emol bei mer seh',
Was er saache' thät zu be' Wingert am Rhei',
Deß is noch 'was anners, do wachst schun 'was,
Daß mer sächt, 's is ber' werth un' mer hot aach 'n Spaß.
Die Berg voller Traube'! ganz voll, lieber Schatz.

Un' mer braucht nit zu grabble' so toll wie e' Katz,
Do geht mer spazire', hübsch langsam enuff
Un' find't e' schö' Summerhaus obe' druff,
Un' do sicht mer die Dampfschiff schwimme' drher
Un' die kleene Nache' die kreuz und die queer'
Un' mer hockt aach nicht trucka drbei, schenkt sich ei'
Un' trinkt recht behachlich e' gut' Glas Wei', —
Mit all' seine' Blümcher un' Schönheite' do,
Was hot mer drvun? beß is nit e' so, —
Der Mensch hot 'n Maage' un' nit umesunscht,
Was thut der mit Blümcher un' Morge'dunscht!

Bayrischzeller.

Ja moants Ees, mir hungern? bees fallt uns nit ei',
Da müaßtn in' Berg' koani Alma nit sey',
Na na! so is's nit, denn dort ober die Wänd',
Do hat d'Welt, mei' Lieber, no' lang koa' End',
Da geit's a' schö's Gras, Kräuteln aa' in der Blüh',
Dees hoaßt mer an' Alm un' da grasn die Küh',
Ja die schönstn, un' daß mer a' Kua melcha ko',
Gel' bessell wißts ja do', und da lebt ma' davo'.
'Is lusti' bees Lebn, a' jeder hot's gern,
Ko'st b' Senndrin schö' singe' un' juchezn hörn,
Weil 's es freut, bal' s' oan' sicht, der a' bißl was is,
Und is oft a' schö's Diendl, bees tauget Enk gwiß,
Kreuzlusti' und rühri' und frisch wier a' Hecht,
Daß ma' glei' lieber bleibn als weitergeh' möcht'.
Schau, da hockst ei' der Hüttn, brinnt's Fuierl am Herd
Und 's Diendl bringt a' Milli und wie se si g'hört,

Kocht an Netfl und Nubl, dees is g'rad a' Freud',
Und mi'n Effn und Scherzn bringst uma bei' Zeit,
Habts aa' ebbes felles, ha Landsmo', bei'n Enk? —

Pfälzer.

Deß nit, aber wann ich an's Herbschtmacha denk',
Do geht gar nix drüber, do tanzt mer un' fingt,
Un' spetakelt sich! daß emm der Kopp schier verspringt,
Un' deß is zu hübsch, wann's so wimmelt un' wühlt,
Un' so farbich im Grü' vun de' Rebe' 'rumspielt,
Do kummt so e' Leeserin, luschtich un' fix
Un' macht emm' manierlich 'n artige' Gnix
Un' offerirt Traube', mei Schatz, deß is fei'! —

Bayrischzeller.

Nit übi', amol möcht' i' aa' dabei fey',
Denn d' Traub'n, verstandn, die giebt's bei'n uns nit,
G'rad d' Limonihandler die bringe 's oft mit
Von' welsch'n Thyrol, da hon i' f' wohl g'segn
Schö' bloob, aber ho' weiter nie koani mögn,
San ma' z' theuer gweßt, nehma an' Zwölfer dafür,
Und da trinkt ma' do' lieber a' paar Maaßl Bier.

Pfälzer.

Mei' geh mer etwech mit dem welsche' Thyrol,
Mer heeßt se halt Traube, sie sin's nit emol,
Die wäßriche Dinger, do dank ich, nee, nee,
Do muß mer zu uns an de' Rhei' nunner geh',
Do wachse' jo Arte' (deß is noch der Laag)
Viel hunnert! deß langt nit, ja wann ich's 'm saag,

Un' deß Kelterlebe'! deß is wohl e' Spaß,
Do setzt mer 'n Bachus nuff uff e' Faß,
Uf's Moschtfaß, Dunner, do git's nocher Bränd',
Daß sich oft eener drei Täg' nimmer kennt.

Bayrischzeller.

Wißts was, i' laß handeln, 's ko' schö' bei'n Enk sey',
Des Schönst' aber, mirk' i', dees is halt der Wei',
Und weils 'n gnua habts, no'! so schickts mer oan' zua,
Na' is glei' mi'n Dischpatirn a' Rua.

Pfälzer.

Is e' Wort, deß soll g'schehe' do kummt's nit druff a',
Aber Eens muß Er thu', un' do denk' Er m'r dra',
Do drobe', juscht in denne' Löcher un Stee',
Wo ich um ke' Geld thät rischkire' die Bee',
Dort muß er mir trinke' e': Vivat die Palz!
Versteht Er? —

Bayrischzeller.

Mei' ja, und i' denk mer aa' b'halt's,
Und i' b'halt meini Berg, denn wie gut aa' der Wei',
Wann i' weg müßt' vo' die, na dees kunnt' gar nit sey'!

Erläuterungen.

Agelin, Aachelin, Diminutiv von Augen.

amōl, einst.

annre = andre.

blöſt = bläſt.

Boddm = Boden.

Borſch = Burſche.

bſunnri = beſondre.

Buckl = Nacken.

derr = dürr.

drheem, deheem = daheim.

derfſcht = darfſt.

drwell = welcher, was für einer.

drvun = davon.

Duſ' = Doſe.

eeni, eens — eine, eines; ich weiß eine = ich weeß eeni;
   dagegen vor einem Hauptwort, z. B. eine Frau = e' Fraa,
   in der Ausſprache ein Mittel zwiſchen e und a.

Ees = Ihr.

emm = einem, z. B. es thut einem weh, wenn ꝛc, es thut
   emm weh.

emōl = einmal und einſt; im Zählen heißt einmal =
   eemol.

empfinne' = empfinden.

Enk = Euch.

Ferschte' = Fürsten.

Fraa = Frau.

Fröch, fröcht = Frage, frägt.

Fuierl = Feuer.

gehat, g'hat = gehabt.

geloffe' — gelaufen.

gemeen = gemein.

gemōlt = gemalt.

gemormelt = gemurmelt.

geplanzt = gepflanzt.

git = giebt.

glaaslhoata = spiegelheiter.

Gorgl, Goarchl = Gurgel.

Großmogl = Großmogul.

Haslhea'r = Haselhuhn.

heemlich = heimlich.

heeßt, heest = heißt.

Hersch = Hirsch.

hot, hoscht = hat, hast.

Humborg, Humborch = Homburg.

hunnert = hundert.

Huzle' = getrocknete Birnen.

jo = ja.

ke = kein, kenn = keinen, kenner = keiner, kenni = keine,
    kemm = keinem.

kleene, kleenschte = kleine, kleinste.

knapp = eng, auch spärlich.

Knopp, Knöpp = Knopf, Knöpfe.

koa' = kein.

koani = keine.

Kopp = Kopf.

Laatschn = Zwergföhren.

Landsmo' = Landsmann.

Lischt = List.

loß = lasse.

mer = man.

meent = meint.

Meenz = Mainz.

Meeschter = Meister.

Raupe' = Capricen.

nee = nein.

nocher = nachher, hierauf (d'ruf).

oana = einer.

Perdche' = Pferdchen.

peift = pfeift.

Planz, Planzer = Pflanze, Pflanzer.

Plōch = Plage.

reescht = reisest du.

Rua, rnai' = Ruhe, ruhig.

runner = herunter.

rōth, ich rōth euch, = ich rate euch.

saach = sage.

sächt = sagt.

scheel = schief.

schlofe', Schlof = schlafen, Schlaf.

schluppe' = schlüpfen.

schmeiße' = werfen.

Sproch, Schproch = Sprache.

schun = schon.

selle = jene (Plural), seller = jener.

sellemol = damals

sich! = sieh.

Stee = Stein.

Stiebbl = Stiefel.

Stoarautn = Steinraute.

Theel, Deel = Theil.

trucke' = trocken.

uf = auf.

verbunne' = verbunden.

weeß = weiß (v. wissen).

weller = welcher.

wersch = wirst.

Worzle = Wurzeln, worzwech = wurzweg.

Zaam = Baum.

zappe' = zapfen.

Zichl = Zügel.

—•o›o‹o•—